LO POÉTICO CINEMATOGRÁFICO

LITERATURE AND CULTURE SERIES

General Editor: Greg Dawes
Series Editor: Ana Forcinito
Copyeditor: Gustavo Quintero

Lo poético cinematográfico

La imagen luciérnaga de Gustavo S. Fontán

Laura M. Martins

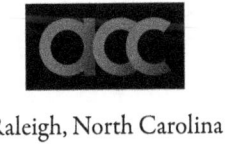

Raleigh, North Carolina

Complete Library of Congress Cataloging-in-Publication
data is available at https://lccn.loc.gov/2022020605.

ISBN: 978-1-4696-7265-6 (paperback)
ISBN: 978-1-4696-7266-3 (ebook)

This is a publication of the Department of Foreign Languages and
Literatures at North Carolina State University. For more information visit
http://go.ncsu.edu/editorialacc.

Distributed by the University of North Carolina Press
www.uncpress.org

ÍNDICE

AGRADECIMIENTOS

Este texto se inicia a partir de una invitación a participar de un número especial de *Studies in Spanish & Latin American Cinemas* (2014) dedicado a los múltiples (pero poco abordados) vínculos entre poesía y cine en el ámbito de las producciones culturales latinoamericanas. Expreso un primer y fundamental agradecimiento a la generosidad y amabilidad de Ben Bollig (Universidad de Oxford) y David Wood (UNAM) que dirigieron el volumen y que me permitieron publicar el artículo que se constituiría en la base del capítulo I. Destaco el placer de haberlos visto a ambos este año (12 de enero de 2021) en un enriquecedor encuentro en modalidad virtual ("The Poetry-Film Nexus: Intermediality and Indiscipline in Latin American Audiovisual Cultures") organizado por los editores del *Journal of Latin American Cultural Studies* (Londres), y hago explícito mi pesar por no haber podido acceder al libro de Ben (*Moving Verses: Poetry on Screen in Argentine Cinema*) publicado por Liverpool University Press (2021) poco antes de finalizar mi propio manuscrito (2021). Estoy convencida de que se va a producir un diálogo proteico apenas podamos coincidir (virtual o presencialmente).

A mi querido Adrián Muoyo, director de la Biblioteca y Centro de Documentación y Archivo "Beatriz A. Zuccolillo de Gaffet", del Instituto Nacional de Cine y Artes Audiovisuales (INCAA), por la amistad de tantos años (que comenzó con mi tesis doctoral) y porque puso a mi disposición todo el material que precisaba (sobre todo en los primeros momentos del proceso de mi investigación). A él y a los estimadísimos bibliotecarios Julio Artucio, Julio Iammarino y Octavio Morelli, todo mi reconocimiento por la valiosa ayuda y las nutritivas conversaciones.

A Griselda Zuffi porque, debido a mis propias dudas, siempre se dio cuenta de cómo impulsarme a arriesgarme en la escritura, a sostenerme siguiendo lo que asevera Anne Dufourmantelle: "el riesgo abre un espacio desconocido". A Nora Strejilevich por su calidez y por auxiliarme con sus observaciones atinadas. A Gastón Molayoli y Pablo Piedras por las lecturas y el apoyo afectuoso que me brindaron. A mi colega y amiga Josefa Salmón por su calidez y su modo tan sabio de actuar y por alentarme constantemente. A Fernando

Rosenberg que leyó parte del manuscrito y por su devolución lúcida y meticulosa. A Diego Sztulwark y Moro Anghileri por los estimulantes cursos en los que estudiamos a Gilles Deleuze ("Del movimiento al tiempo: Deleuze y el cine") y en el que aprendimos sobre cine argentino de los años sesenta hasta el presente ("Taller de industria nacional"). A Isis Sadek por haber compartido ese día luminoso en Manhattan y de ahí en más reencontrarnos en las palabras y el afecto, y por su trabajo multilingüe, una *traduttrice* extraordinaria. A Francisco-J. Hernández Adrián y Antonio Gómez que me convocaron para colaborar con el texto que después se convertiría, reelaborado, en el capítulo III y que apareció en *The Film Archipelago: Islands in Latin American Cinema* (London, Oxford, NY: Bloomsbury – Bloomsbury, Film & Media | World Cinema). A Agusto D. Farb por sus sagaces reflexiones respecto de varios de los capítulos y por el sostén desde hace ya tanto tiempo.

A Louisiana State University por haberme otorgado un subsidio en 2019 que posibilitó la primera fase de escritura y porque su sistema de préstamos interbibliotecarios funcionó con celeridad para que yo tuviera acceso a mucha de la bibliografía esencial de este libro. A mis colegas Touria Khannous, Wilfred Major y Andrea Morris por creer en mi trabajo.

A Gustavo S. Fontán por su tremenda generosidad y, sobre todo, por su excepcional sensibilidad evidenciada no sólo en sus imágenes visuales y sonoras, sino también en sus palabras. Sé fehacientemente que no exagero al sostener que es uno de los grandes cineastas argentinos.

A Ana Forcinito y Greg Dawes por haber apostado a este proyecto. Todo mi agradecimiento por el entusiasmo demostrado y por la cuidadosa tarea de edición.

Por último, a Albert por haberme acompañado de manera decisiva cuando yo necesitaba concentrarme y escribir, una disponibilidad amorosa para la cual carezco de palabras de agradecimiento apropiadas.

Le dedico este libro a Ileana Rodríguez porque supo cómo animarme a escribir sobre lo poético-cinematográfico. Entrañable *maestra*, Ileana pertenece, como ya le expresé públicamente, al grupo de las insumisas, cuyo gran mérito consiste en arriesgarse a pensar, en interrogar e interrogarse, y en haber abierto puertas para las de su misma generación y, obviamente también, para las que veníamos después. No sé si alguna vez podré saldar mis deudas simbólicas con ella.

Lo poético cinematográfico

A la poesía no se la define, se la reconoce.
Alberto Girri

Acá hay un poeta que descubre el lenguaje en el momento de utilizarlo.
(Cierre de presentación del "Ciclo de la casa" de Gustavo Fontán en el MALBA).
Edgardo Cozarinsky

L A NARRATIVA CINEMATOGRÁFICA predominante propia del modelo capitalista actual del cine-negocio nos hace creer en el futuro: lo relevante siempre es el final que, por esa misma condición, resignifica todo. Atravesados por una matriz religiosa en la que existe un propósito y que hay recompensa, pensamos que nos vamos a topar invariablemente con *un* sentido organizador de todo. Los espectadores nos acostumbramos a presenciar la reposición de un supuesto estado de equilibrio extraviado, a esperar peripecias y desenlaces claros y cierres sosegantes, a esperar ver cumplida una promesa: la fuerza de una teleología inevitable.[1] Nos habituamos a que exista un clímax, una revelación modélica final que aguardamos con perseverancia. Nos resulta dificultoso atravesar lo que, por el momento, llamaré un *habitar (en) el intervalo*.[2] Nos caracterizamos, en definitiva, por poseer una

---

1. Hemos sido formateados como *voyeurs* según Deleuze: "El acontecimiento más ordinario nos convierte en visionarios, mientras que los medios de comunicación nos convierten en meros espectadores pasivos" (*Negotiations* 160). A menos que se indique lo contrario, todas las traducciones al castellano me pertenecen.

2. Ante la existencia de las plataformas digitales no establezco una distinción férrea entre pantalla grande y pequeña, por lo tanto incluyo también aquí a la poderosa

compulsión hermenéutica por la cual queremos entender y, por ende, interpretar los filmes con la expectativa de desentrañar *el* o *los* supuestos sentidos. Una compulsión frente a la imagen que si no saciamos nos deja sumidos en la insatisfacción, con una dosis nada desdeñable de desconcierto. Nos afecta la imposibilidad de soportar lo que se presenta, en principio, como enigmático, inasible. Tal angustia epistemológica generada por el deseo incumplido de extraer un contenido calmante de la imagen, expone quizá no sólo algo del orden de cierta ansiedad y, por ende, algo del orden de la inmediatez, sino también un problema mayor que remite a la naturalización de una experiencia perceptiva que no es otra cosa que un entrenamiento de lectura audiovisual.[3] Es decir, una experiencia que alude a la existencia de ese cine narrativo hegemónico que ha impuesto la persecución (la *necesidad*, podría decirse) de una historia escandida por suspensos, enigmas, cifrados en el presunto mensaje (unívoco) de un film. Tal narrativa regulariza y recrea permanentemente esta estrategia. Preferimos *interpretar* en vez de *experimentar* la imagen en el cuerpo o de encontrarnos con la materialidad de la imagen misma para observar cómo percibimos, lo cual nos remite a lo que ya en 1966 aseveraba Susan Sontag en *Against Interpretation* que en vez de una hermenéutica del

---

industria serial con sus fórmulas repetidas. *Twin Peaks* (2017), según la cineasta argentina, Lucrecia Martel, y el conocido crítico Diego Lerer, constituye una excepción (televisiva) porque se presenta con una lógica contraria a la narrativa estandarizada y al espectador enfrascado sólo en la búsqueda de gratificaciones. Cabe agregar, por otra parte, que David Lynch y Gus Van Sant son dos de los realizadores que mejor dan cuenta del malestar (actual) de la cultura estadounidense. El cine comercial, por otro lado, no ofrece mucho más que consumo de animación, superhéroes, terror.

3. Al respecto, Roger Koza afirma: "El gusto y la preferencia de las mayorías, si se los piensa a fondo, poco tienen que ver con una elección consciente; más bien, representan la sedimentación de un acostumbramiento sellado por la publicidad y las reglas del mercado que cada espectador siente como propio pero que, objetivamente, no lo es" ("El cine independiente" s/p). A partir de lo afirmado, podría añadirse que estamos frente al "inconsciente domesticado", noción acuñada por Mikel Dufrenne en *Cinéma: théorie et lecture* (1973) (cit. en Guattari, *La revolución molecular* 412).

arte lo que se necesit(ab)a era "una *erótica* del arte".[4] La desorientación aflora ante la proclividad de un filme a suspender el sentido. Advertimos que somos despojados de nuestro muelle mirar cuando se nos deshabilita para descifrar un relato con su sucesión del tiempo.

Dentro del ordenamiento técnico-utilitario, el cine mundializado se desentiende de modos de narrar que atenten contra lo *mainstream*, es decir, obtura toda capacidad de sugerir y sorprender. Lo que se proyecta en las pantallas expone el empeño en aislar, por ejemplo, al cine de autor, cuya única posibilidad de exhibición se reduce a salas de arte, ciertos festivales y ahora a algunas plataformas de *streaming*.[5] Las series de los grandes conglomerados de producción y distribución audiovisual globales (Netflix, Amazon Prime Video, Disney+, AppleTV+ Paramount+, HBO Max que, por ejemplo, es un *network* cuyos dueños son WarnerMedia y AT&T) ganan cada vez más terreno otorgándoles centralidad a guionistas y productores en desmedro de la figura del realizador. Asistimos a la uniformización audiovisual del presente, a un cine de ruido estrepitoso y planos breves, fugaces como fogonazos, que no nos permiten ver y mucho menos contemplar. Esos planos nos atropellan y la banda sonora nos aturde mientras funciona como mera ilustración o acentuación prepotente de aquello que vemos. ¿Qué capacidad de reacción nos queda si nos sentimos aturdidos? Un cine ajustado a la relación de causas y efectos y de oposiciones binarias (antes/después,

---

4. También he recurrido a este trabajo fundamental de la pensadora estadounidense en mi artículo sobre los directores Lisandro Alonso y Lucrecia Martel y en el dedicado a las poetas Alejandra Pizarnik y Susana Thénon. De todos modos, aclaro que no desconozco las correspondencias entre erótica y hermenéutica y que no proclamo la anulación de esta última.

5. En relación con lo afirmado, el director mexicano Carlos Reygadas manifiesta: "Me ocurre a mí y a gente que está en un sistema muy parecido al mío, como Lucrecia Martel o Apichatpong Weerasethakul. El cine de autor estandarizado, aunque sea una contradicción en términos, eso que yo llamo Hollywood Plus, está tomando el espacio del cine de autor. Y eso se ve perfectamente en los festivales europeos. En realidad, se reduce a algo muy simple: los estadounidenses han ganado la partida. Ahora los festivales son la antesala de los Oscar, algo impensable hace no tanto. Pero la pulsión de la fama y del dinero domina todo. Es el triunfo de la alfombra roja" ("Nos autoexplotamos" s/p).

orden/desorden, etc.); un código narrativo siempre tiranizado por el principio de identidad y de no contradicción; ficciones en las que aparece ese alto grado de cohesión interna representada en el *uno*, en la identidad yo = yo en tanto unidad indivisible; ficciones atravesadas de efectos especiales, presuntos virtuosismos formales y sorpresas argumentales. Debido a que es un cine afecto a las modalidades propias de la publicidad y el *marketing* es que se puede afirmar—tal como lo hace Esteban Ierardo—que "[l]a sociedad capitalista constriñe las posibilidades perceptivas a la lógica inmóvil del entretenimiento y la ganancia" (s/p) y arma un producto manufacturado y empaquetado listo para ser consumido.

Por su parte, Jean-Louis Comolli en *Cine contra espectáculo* observa que, en la actual industria audiovisual ante la cancelación de las duraciones, el espectador se dispersa, se le inhabilita el contemplar y lo que persiste es puro salto, irrupción de lo brevísimo (121-22). Comolli ejemplifica con ciertas condiciones de producciones televisivas francesas en donde un telefilm debe contener un mínimo de mil doscientos planos, lo que equivale a que en una producción de noventa minutos cada plano dura aproximadamente cuatro segundos y unas pocas décimas: estamos efectivamente frente a la conformación calculada de "un espectador *adicto* a los efectos" (124; énfasis en el original). La recepción se produce de manera dispersa y fragmentada. La tendencia del mercado mundial actual es la aceleración, y con ella la transformación universal rápida de bienes en mercancía: cultura de la velocidad y la rentabilidad. Ya llegamos a la imagen-sin-mirada que prescinde progresivamente de la presencia humana (cámaras Go Pro que lanzadas al agua filman solas; o sea: la visión maquínica).[6] Imagen disimulada donde ya no distinguimos su origen. El cálculo deja de lado el inconsciente, el lapsus, la locura, la poesía (Comolli, "De lo fotoquímico" s/p). Lo amenazado es tanto la imagen como la palabra. El capital se pregunta constantemente qué necesita y qué puede descartar o suprimir de aquí en adelante (en otras palabras: qué puede colonizar). "Las irregularidades, lo que es indisciplinado, lo que es del orden de lo poético está desapareciendo porque lo que el capital necesita [...] es el cálculo y la normalización" ("De lo fotoquímico" s/p).

---

6. Las cámaras de seguridad, los lectores de patentes automovilísticas, el *software* de reconocimiento facial, etc. obviamente funcionan del mismo modo, lo cual implica el pasaje del régimen de la imagen al de la visualidad.

Llegados a esta instancia quisiera formular algunas preguntas sobre las que iré conjeturando a lo largo del presente trabajo: ¿se pueden desmantelar los patrones de consumo visual que imponen las retóricas homogeneizadoras del mercado? ¿Sería factible activar una práctica escópico-auditiva subversiva/perturbadora para destronar los regímenes hegemónicos de visibilidad? En este tardo-capitalismo singularizado por tanta depredación, ¿cómo se suscitaría un encuentro sensible y afectivo con el mundo para contrarrestar ese despojo y devastación? Sintetizando, y tal como asegura Koza, "[...] faltan planos cinematográficos, ahí donde anida lo que no es igual a todo, donde irradia lo que se desconoce y donde persisten expresiones de vida que no son equiparables al dato estadístico. ¿No es el cine el hogar de los otros?" ("Chubut, libertad y tierra" s/p).

No obstante lo dicho, a contramano de la tendencia mundial, hay cineastas[7] que no se dejan formatear por las modalidades del *marketing* global al elegir una poética de no interferencia (un respetuoso no juzgar aquello que se "narra") y un trabajo con un cine parco y despojado al que no se lo sobrecarga con imágenes parásitas cuando no se necesita nada más. Que adhieren a cierta austeridad expresiva, es decir, operan por sustracción como forma de amparar o resguardar lo poético. Hay realizadores que no pretenden contar historias (lo cual, en sí, implica cierto alejamiento de la rutina de mercado), sino abrirnos el camino para observar ese momento en el que ese otro nos revela su percepción del afuera y nos permite "sumergirnos" en su cuerpo por un lapso fugaz.[8] Son directores que suscitan una suerte de encuentro amoroso que consiste en poder acercarnos al cuerpo de otro durante un tiempo relativamente breve (el de la duración de un filme obviamente). Nuestra geografía corporal de irreductible soledad ontológica se ve sorteada por unos instantes porque el cine tiene la capacidad de exhibir la percepción de (un) *otro*, de aquello que está fuera de nuestro cuerpo, y esta exterioridad se hace más tolerable por la simple posibilidad de compartirla. Hay cineastas que exhiben o trabajan con esa visión del cine profundamente afectiva y de la

---

7. Los términos *cineasta/realizador/director/(cine de) autor* deben entenderse aquí dentro de un proceso colaborativo; un trabajo que sobrepasa cualquier control individual: se trata de una colectividad creadora.

8. Al respecto véase lo que lúcidamente sostiene Lucrecia Martel en charla con David Oubiña en *Estudio crítico sobre La ciénaga* (2007). De ella tomo algunas de las reflexiones vertidas aquí.

que intentaré dar cuenta; un cine que se podría llamar liberador, que dota a los cuerpos de energía, porque son cuerpos con capacidad de ser afectados por otros. Es en este preciso sentido que el cine, como afirma el joven realizador argentino Matías Herrera Córdoba, "es un juego donde los sentidos se prestan a percibir y no a defenderse, *donde el espectador es más humano que sus días cotidianos, porque hace de su tiempo un observar, un pensar, un mirarse y mirar*" (Herrera Córdoba s/p; énfasis mío). Hay realizadores, en definitiva, cuyos films ponen en escena que la responsabilidad artística sólo se mide en la medida de su herejía, de su disidencia, de su contienda contra la ortodoxia y la doctrina (Derrida 27), contra opciones formales no desarticulantes de la ilusión diegética que siempre nos colocan, disimulados por el artificio, en el sitio más familiar y amable del espectador incorpóreo, en tanto no se nos interpela directamente *cuerpo a cuerpo* y no se desbarata la credulidad (tanto como la complicidad) en la que se asienta nuestro mirar.[9]

A directores como los argentinos Gustavo S. Fontán (en quien me voy a detener en breve) y Lucrecia Martel o los chilenos Ignacio Agüero y José Luis Torres Leiva (para nombrar sólo unos pocos sudamericanos) los unifica una forma de entender la práctica cinematográfica como "acto de interpretación crítico de las formas y lenguajes que conocemos" (Haynes 8-9), como enfrentamiento a la transformación universal de bienes en mercancía, como necesidad de otorgarles a sus realizaciones un valor de uso y de alejarse conscientemente de la cultura de la velocidad, de instalarse fuera de la demanda y la rentabilidad, fuera de su cálculo, fuera de la rapidez del relato hegemónico. En general, en el cine de estos cineastas lo descriptivo prima sobre lo narrativo y precisamente por esto el tiempo se independiza del relato (es decir, el tiempo se desprende de su "'obligación dramática': [de] la tarea de llevar adelante un suceso" [Figliola y Yoel 260]).[10] Se puede

---

9. O en palabras de Pablo Piedras que "[sugiere] acercarse a la producción de los pocos países que siguen haciendo cine y, a contramano de una tendencia global, no dejan de mostrar la existencia de grandes directores, en cuyas miradas de mundo las formas cinematográficas todavía resisten" ("Existe una fuerte determinación" s/p).

10. Alejandra Figliola y Gerardo Yoel observan con precisión este proceso (la descripción que se impone a la narración) en el cine de Yasujiro Ozu. Al respecto véase mi artículo "En contra de contar historias. Cuerpos e imágenes hápticas en el cine argentino (Lisandro Alonso y Lucrecia Martel)" (2011).

sostener, entonces, que el objeto se desarrolla temporalmente; o mejor dicho: el objeto *es*, en definitiva, el propio filme, cuya reducción narrativa intensifica la mirada del espectador que se detiene en y por los planos que suscitan algo del orden de la contemplación. Una mirada que observa la notoria parquedad de muchos de sus actores (en su gran mayoría no actores profesionales) que transitan por sus filmes.

La duración o, si se quiere también, el detenimiento (de/en la imagen) dan lugar siempre a un "distanciamiento analítico", lo cual implica "[...] una intervención fuerte sobre la temporalidad que rompe la (supuesta) cohesión esperable de una imagen" (Oubiña, *Una juguetería filosófica* 115). Al respecto la cineasta belga Chantal Akerman sostenía: "Cuando se observa una imagen, un segundo basta para obtener la información: 'eso es un pasillo'. Pero luego de un rato, uno se olvida de que es un pasillo y sólo ve que es rojo, amarillo, líneas. Y entonces regresa como pasillo" (cit. en Oubiña 260).[11] No obstante, al "regresar" ya *no* es el mismo pasillo, sino que ha sido ampliado y alterado por nuestra mirada que al detenerse en él lo interviene. Ese pasillo así intervenido posibilita que nuestra percepción se desautomatice, se libere de ataduras anquilosadas. Asombro y sorpresa se suscitan frente a estas imágenes. Y hasta se podría afirmar que no nos encontramos ante lo descriptivo sino frente a un tiempo detenido más de lo habitual y que nos permite ver/escuchar de otro modo, intervenir de otro modo. ¿Pero, entonces, de qué cine se trata? De un cine, en principio, minoritario, sin dudas. Aquí, y en palabras de Esteban Ierardo, corresponde adelantar el núcleo organizador del presente trabajo:

> [... de un cine] liberador de un derrame más poderoso sobre la realidad no cosificada o racionalizada por el poder manipulador, tristemente, [que] no respira más allá de las minorías que concentran aún en el cine arte las zonas de fuga hacia amplitudes de percepción más sensitivas. Pero sin incidencias significativas sobre las formas cercenadoras de una "libre percepción poética de lo real" en la sociedad actual. (s/p)[12]

---

11. El ejemplo expuesto por Chantal Akerman lo aporta David Oubiña en *Una juguetería filosófica* (2009), indispensable—y bello—estudio sobre las formas históricas de producción de la visión.

12. Quiero dejar constancia de mi agradecimiento a Esteban Ierardo por su riguroso e imprescindible trabajo "El ojo en el viento. Ensayo sobre cine-poesía y pensamiento" (es un trabajo no publicado).

Gustavo S. Fontán

Dentro del panorama actual del cine argentino, Gustavo Fontán, de cuya poética me voy a ocupar en este libro, descolla por construir una trayectoria consecuente atravesada por una búsqueda de lo que podemos llamar—con Georges Didi-Huberman—la "imagen luciérnaga" entendida a la par de la imagen dialéctica benjaminiana como fulguración, un destello que ilumina rasgadamente la oscuridad de estos tiempos. Aunque Didi-Huberman lo sostiene en relación con los espacios de insurgencia y resistencia que surgen, pese a todo, frente a la actual catástrofe capitalista, lo poético cinematográfico podría hallarse en un cine de luciérnagas en contundente oposición a la cegadora claridad de los reflectores por los cuales se-debe-ver-todo,[13] en un cine de afecto y respeto por el mundo sensible y por el espectador. Hago la salvedad de que no adhiero al uso de la etiqueta "cine poético" porque, como muy bien señala David Oubiña: "No un *cine poético* que traduzca los mecanismos y los efectos literarios como forma de adjetivar las imágenes, sino un cine que obtenga a través de ellas lo que la poesía consigue de las palabras" (*Filmología* 221; énfasis en el original). Se trataría del "cine como poesía" o cómo se presenta lo poético en el cine y cuáles serían sus especificidades.

Podría afirmarse que no hay otro cineasta argentino cuyo corpus fílmico esté rubricado por un encuentro poético con el mundo. Esa es la constante del cine de Fontán: su peculiaridad consiste en "registrar" el mundo en su devenir, una mirada extrañada frente a la materia en movimiento. Una sonoridad que no duplica la diégesis, que no es redundante, que no ilustra sino que suma. En esa casi falta de sutura entre la imagen visual y la sonora se centra una de las resoluciones poéticas de su filmografía.[14]

Concebido desde la austeridad como decisión estética y política, su cine es liberador. Se podría decir con Deleuze y Guattari en *Pourparlers* (192), aunque no referido al cine bien se le puede aplicar a él, que Gustavo Fontán filma para

---

13. Con "reflectores" Georges Didi-Huberman se refiere a los "de los miradores y torres de observación, de los *shows* políticos, de los estadios de fútbol, de los platós de televisión" (*Supervivencia de las luciérnagas* 36).

14. Cuando un filme carece de música extradiegética vemos más porque se produce una intensidad en ese ver al estar por fuera de todo subrayado pedagógico de la imagen (otorgado por una banda sonora). Permanecemos y habitamos durante un lapso en esa mirada, en esa implicación que nos afecta.

liberar la vida allí donde esté apresada, para trazar líneas de fuga. Sus filmes facilitan la percepción deslumbrada ante lo que el escritor argentino Juan José Saer denominaba "proliferación enigmática de materia que llamamos mundo" ("Liminar" 13). Hay en ellos una asombrada (asombrosa) celebración de la unidad de lo viviente. Sus filmes evitan remitir al contrato de legibilidad genérica que lo ubicaría dentro de un formato unívoco; funcionan por fuera de las etiquetas y protocolos del cine *mainstream*; nos proponen hacer experiencia porque ellos mismos se proponen precisamente como búsqueda de experiencia entre los sentidos y la materia. Al trastocar nuestra percepción, Fontán nos deja como en otra parte. Observamos, contemplamos, nos detenemos ante sus imágenes con la sensibilidad que se pone en juego desde ellas y desde nuestra propia mirada sin que pasemos por la dictadura del relato y sin sentirnos atropellados por los planos. La nuestra se convierte en una mirada (un cuerpo) que vibra porque efectivamente las imágenes de Fontán tiemblan. Lo anteriormente expuesto nos conduce a pensar que sus películas son políticamente vitales, y este es uno de sus logros reveladores. Una de sus grandes potencias políticas radica en debilitar una imagen fija del mundo (como se observará más adelante).[15] Fontán no es un cineasta moroso, sino que exhibe otra ontología de la imagen a través de la cual se pone en marcha una experiencia escópica y auditiva inquietante que socava regímenes hegemónicos de visualidad y sonoridad, desarticula las regulaciones dominantes del ojo y el oído.[16] Fontán concibe una forma de trabajar para que se suscite un

---

15. Véase el capítulo II donde amplío sobre el carácter político de su cine.

16. Me resulta importante referirme aquí a la clasificación de *slow cinema* surgida en el ámbito crítico anglosajón (M. Flanagan, H. Tuttle, P. Schrader, entre otros). Tiendo a objetar el rótulo de *slow cinema* por su genealogía confusa y su herencia no menos clara. *Slow* es un término impreciso, abierto y que, además, existiría por oposición a un tipo de cine veloz, ¿pero de qué velocidad se trata? Cuando el tiempo en un film se independiza del relato, ¿cómo se mide allí la velocidad? Los críticos no coinciden en una definición englobante y clarificadora. Además, un mismo filme puede presentar distintas velocidades: duración disímil de sus planos, apelación a ralentizaciones, cámara rápida, planos secuencia; incluso, en un solo plano secuencia pueden coexistir velocidades diferenciadas, desde una modalidad contemplativa a un movimiento rápido ejecutado por un conjunto de figuras a un ritmo, digamos, intenso. Partimos de la idea de que el plano tiene sus ritmos

encuentro con lo que puede llamarse lo misterioso, lo sugerente, lo in-audito. Pero también nos lleva a percibir/sentir que la vida se halla en un estado de desamparo y desvalimiento, aunque (se) sepa con Baruj Spinoza que la vida siempre quiere perseverar (la vida como potencia de creación).

La filmografía de Fontán, hasta ahora, consiste de cortos, mediometrajes y largometrajes: *Luz de otoño* (1992), *Canto del cisne* (1994), *Ritos de paso* (1997), *Marechal, o la batalla de los ángeles* (2001), *Donde cae el sol* (2002), *El paisaje invisible* (2003), *El árbol* (2006), *La orilla que se abisma* (2008), *La madre* (2009), *Elegía de abril* (2010), *La casa* (2012), *Sol en un patio vacío* (2015), *Sucesos intervenidos* (2014), *El rostro* (2014), *Lluvias* (2017), *El día nuevo* (2016), *El estanque* (2017), *El limonero real* (2016) y *La deuda* (2019). *El árbol* inaugura el "Ciclo de la casa" que consta, además, de *Elegía de abril* y *La casa*; y *La orilla que se abisma* inicia el "Ciclo del río" conformado por *El rostro*, *El día nuevo* y *El limonero real*. En 2017 estrenó la

---

internos. Me pregunto: ¿los filmes de un director como Yasujiro Ozu deben ser considerados "lentos"? ¿O conforman una estética que apunta a reflexionar filosóficamente sobre la vacuidad a través de un registro que se produce desde el *tatami* (Ozu sentado, la altura preferida para filmar, lo cual implica, en sí, un *tempo* de lo filmado)? Me inclino por esto último. Según Muñoz Fernández hay dos vertientes (que, entiendo, podrían conjugarse y no oponerse tajantemente): "Una, representada por Matthew Flanagan, vería el *slow cinema* como una corriente cinematográfica continuadora de los presupuestos estéticos del cine moderno originado después de la Segunda Guerra Mundial, pero que surgiría como consecuencia del acelerado contexto neoliberal en el que vivimos. Así que la distendida temporalidad del *slow cinema* sería una especie de reacción frente a la velocidad de la vida contemporánea y los acelerados montajes de las películas de Hollywood. La otra vertiente, cuyos principales representantes serían Harry Tuttle y Nadin Mai, en principio, no quiere ver el *slow cinema* como una oposición a la temporalidad *mainstream* y buscan sus raíces en el cine primitivo o en la similitud con las artes estáticas. Harry Tuttle niega que este cine aparezca como una oposición al cine de Hollywood y prefiere verlo más como un retorno a las estéticas prenarrativas de los orígenes del cine. Por su parte, el retorno a la temporalidad preindustrial que defiende Nadin Mai se fundamenta principalmente en la vinculación pictórica que mantienen muchos de estos cineastas". "[E]l *slow cinema* se fundamentaría sobre uno de los lugares comunes en la aproximación humanista al tiempo, como es que el mundo moderno ha sustituido completamente la duración y la demora por el culto a lo efímero y el goce instantáneo" (Muñoz Fernández 193-94, 204).

Trilogía del lago helado compuesta de *Sol en un patio vacío, Lluvias* y *El estanque* y filmó *El piso del viento* (2017) que pudo estrenarse recién en 2021 (por *streaming*) debido a las condiciones impuestas por la pandemia. En 2019, *La deuda* quizá haya abierto la puerta para componer el "Ciclo del dinero". En 2020, filmó un díptico de cortometrajes, *Jardín de piedra* y *Luz de agua*, fraguado en tiempos de encierro sanitario, y cuyo visionado pudo efectuarse también por *streaming* en 2020 y 2021, respectivamente. La de Fontán es una "producción programática" (Genero 154) organizada con frecuencia en trilogías y tetralogías.[17] De modos diversos varios de sus films se atreven a aproximarse a poetas como Jacobo Fijman (*Canto del cisne*), Jorge Calvetti (*El paisaje invisible*) o Juan L. Ortiz (*La orilla que se abisma*),[18] pero en otros acomete diferentes núcleos temáticos que en su resolución formal se vuelven poéticos: un río y sus infinitas iridiscencias y sonoridades, una casa testigo de su propia demolición, las formas que toma la lluvia sobre el parabrisas de un auto, las rugosidades de algunos troncos, el ramaje acunado por aguas y vientos, las voces de la naturaleza en su entonación coral.

El cine de Fontán "[...] no es un cine de personajes sino un cine de *presencias*", tal como ajustadamente asevera Marcos Adrián Pérez Llahí (respecto del de Lisandro Alonso), lo cual equivale a sostener que es un cine de cuerpos. Sus "protagonistas"[19] no dejan entrever su subjetividad; esas subjetividades "son pura exterioridad" (Pérez Llahí, "Hachero nomás" s/p). Y esta opacidad nos lleva a desechar la interpretación como acercamiento a los sentidos del filme, y

---

17. Si bien efectuaré remisiones a casi toda su producción (hasta el momento), en este estudio me abocaré fundamentalmente a los filmes que conforman sus "ciclos" o trilogías, a *La deuda* (2019) y sus últimas realizaciones: el díptico *Jardín de piedra* y *Luz de agua* (2020), realizado en plena pandemia.

18. Gustavo Fontán es Licenciado en Letras por la Universidad de Buenos Aires (UBA), estudió dirección en el CERC (Centro Experimental de Realización Cinematográfica, actual ENERC del INCAA) y es docente universitario (se desempeña como profesor titular en la Facultad de Bellas Artes de la Universidad Nacional de La Plata y en la Facultad de Ciencias Sociales de la Universidad Nacional de Lomas de Zamora). Escribió y dirigió varias obras de teatro y también es poeta.

19. "Personajes" y "protagonistas" son categorías que quizá habría que poner en entredicho: ¿cuál es la operatividad de su uso? De hecho, Fontán las cuestiona al dotar a sus *figuras* de una opacidad intraspasable.

al hacerlo nos convertimos en materialistas del cine, nos volvemos capaces de pasar por la experiencia sensualista frente a unas imágenes de tiempos muertos, de figuras que deambulan y se desvanecen en el espacio. Cine de cuerpos el de esas figuras errantes, pero también del nuestro, el de los espectadores, allí donde respiran los planos, allí donde aparece el fulgor del cine pero desde la no interferencia. Es de la experiencia sensible del espectador con esa materialidad de la imagen de lo que se trata cuando vemos los filmes de Fontán. Como puntualiza Alexandra Kohan: "Asistimos a una época de definiciones identitarias y de férreas certezas, también alrededor del ser; hay una imposibilidad de soportar lo que no tiene sentido, lo que se presenta, en principio, inescrutable" (58). Nos resulta ripioso lidiar con la extrañeza, esa extrañeza que nos pertenece y nos habita (Kohan 62).

Fontán en su carácter de cineasta, pero también como pensador y dada su capacidad productiva, construye una de las trayectorias estéticas más vitales y coherentes del cine argentino, trayectoria en la que el arte es entendido, entre otras posibilidades, como escucha de los afectos.

Sobre el cine de Abbas Kiarostami David Oubiña asevera lo siguiente:

En el cine de Kiarostami no hay formas revistiendo contenidos. El plano no organiza un sentido, lo produce. Y lo produce, incluso, como opacidad. *Si fuera posible determinar un rasgo fundamental de lo poético cinematográfico, habría que buscarlo allí donde la imposibilidad para rastrear en la imagen una avenencia entre toma y concepto vuelva inútil esa distinción.* [...] Refiriéndose a *Primer plano*, Kiarostami ha dicho que se sentía más un *testigo* del filme que su realizador. Lo mismo podría afirmarse de estas otras películas suyas: el cine es esa exterioridad, cierta distancia, *cierto pudor en la observación. Y eso es una característica de la mirada, no el resultado de una oposición entre plano secuencia y montaje por corte.* No se trata de mostrar o no mostrar, sino de qué puede apreciarse en lo mostrado. Resistirse a que la exuberancia visual del medio determine el sentido y hacer surgir lo incierto dentro de unos contornos demasiado precisos. ("Algunas reflexiones" s/p; el énfasis me pertenece)

Encuentro en Fontán ese pudor referido por Oubiña respecto de Kiarostami. Nos hallamos ante una mirada movilizad(or)a similar a la del cineasta iraní. Sus películas nos exhortan a mirar y a escuchar, a ser capaces de entrar en con*tacto* con (tocar, palpar) lo que vemos, no a esperar peripecias y resoluciones tranquilizadoras, sino a experimentar la materialidad del mundo, un modo de saber corporal con el cual nos detenemos en lo lábil, lo sutil, lo discreto. En definitiva, un encuentro sensible y afectivo con el mundo.

Lo poético cinematográfico

Ahora bien, se impone aquí abordar lo que considero lo poético cinematográfico dado que los filmes de Fontán ingresarían en lo que García Candela califica de "generosos", aquellos que se resisten a ser categorizados ante la imagen confiscada por la publicidad y el espectáculo ("12 años de cine argentino" s/p). Ya se sabe que lo poético en el cine no constituye la línea más buceada. La potencia de lo poético cinematográfico, por ende, radicaría en que desbarata el *a priori* de lo que debería ser el cine, abre la experiencia a la multiplicidad. Al preguntarme cómo se construye tal línea pienso inmediatamente (e intento posibilidades de distinción) en *El espejo* (1975) de Andrei Tarkovsky, en *El sol del membrillo* (1992) de Víctor Erice, en *Madre e hijo* (1997) de Alexander Sokurov, en *El viento nos llevará* (1999) de Abbas Kiarostami, en *In the Mood for Love* (2000) de Wong Kar-Wai, en *En el camino, de cuando en cuando, vislumbré breves momentos de belleza* (2000) de Jonas Mekas, en *En la ciudad de Sylvia* (2007) de José Luis Guerín, en el inicio de *Post tenebras lux* (2013) de Carlos Reygadas o en *El botón de nácar* (2015) de Patricio Guzmán. No obstante, ¿cómo intentar acercarnos a este encuentro entre lo poético y el cine? Al respecto, Koza sostiene lo siguiente:

> [e]l carácter indeterminado que tiene la poesía se vincula con el trabajo muy peculiar con/sobre el lenguaje en donde éste se asoma por ciertas zonas de la sensibilidad, *por cierta experiencia del mundo y de las emociones y en ese lugar impreciso es donde se sitúa en cierta manera el lenguaje poético*. Esto en el cine pasa por el mismo tamiz y es en este sentido que nos encontramos con el cine poético en vez del cine de prosa (esa distinción básica que hacía el gran Pasolini) en donde una vez más hay una *indeterminación* de todos los elementos que están conjugados en la puesta en escena. (Mi énfasis)[20]

---

20. Intercambio radial con Roger Koza en su programa "La oreja de Bresson" (radio Universidad de Córdoba, abril de 2016) a partir de un correo electrónico que yo le había enviado a propósito de "lo poético" en el cine.

Si me remito brevemente a *Madre e hijo*, por ejemplo, observo que el trayecto final hacia la anamorfosis ya no es recodificable. Se produce una deriva de la imagen que ocupa toda la pantalla porque la ausencia (la muerte del ser amado: la madre) se mide en su totalidad: la distorsión se ha instalado en pleno (plano). El mundo (o *un* mundo) exhibido en su devenir, en instantes difícilmente aferrables. ¿Esa deriva no operaría, acaso, dentro del orden de lo poético? El cine no estaría funcionando en virtud de una voluntad argumental sino de una voluntad perceptiva y fundamentalmente de intensificar la experiencia sensorial frente a las imágenes visuales y sonoras (Martins, "Contra la museificación del mundo" 168).

Me resulta indispensable mencionar aquí algunos nombres axiales dentro de las reflexiones sobre la relación entre cine y lo poético para, en principio, recalar en films concretos que nos arrojen aunque más no sea una pequeña iluminación. El formalista ruso Víctor Sklovski señalaba tempranamente en el siglo XX que "'[...] existe un cine de prosa y un cine de poesía [...]. El cine sin argumentos es cine poético', ya que en él lo que más interesa no es el argumento sino los materiales, cómo está hecha la película" (cit. en Pérez Bowie 54). En su "Poetry and Prose in Cinematography" (1927) Sklovski expone su idea de "lo lírico" en el cine donde se debe privilegiar la forma por sobre el contenido. "En un filme poético", sostenía, "los aspectos técnico-formales predominan sobre los semánticos. La composición se resuelve por medio de técnicas formales más que por métodos semánticos" (cit. en Pérez Bowie 54) y de aquí surge, generalizando, directamente su conclusión de que un filme sin argumento o trama [*plotless film*] es un film poético. Sklovski entendía que la búsqueda de la práctica artística era desbloquear los automatismos perceptivos; recobrar la intensidad de la percepción al liberarla precisamente de esos automatismos. Por su parte, el crítico literario, teórico del cine y realizador Jean Epstein intuía la imagen "como proyección principalmente sensorial y preverbal". Tanto en su filme *La Chute de la maison Usher* (1926) como en *Le tempestaire* (1947) ya aparece la "emanación *fotogénica* por la cual la imagen cinematográfica induce un percibir intensidades vitales" (Ierardo s/p; mi énfasis).[21] Epstein se proponía revelar la vida secreta que destilan los objetos.[22]

---

21. Véase nota al pie 12 en este capítulo.
22. Respecto de la *fotogenia*, Roger Koza sostiene lo siguiente: "Decía el cineasta Jean Epstein: 'Los misterios sólo duran un tiempo; se desplazan. Muy pronto, los

Para Robert Bresson hay que "rodar de improviso, con modelos desconocidos, en lugares imprevistos capaces de mantenerme en un estado de alerta"
(cit. en Aumont 30). El rodar entendido como "apertura al encuentro" de
sensaciones e intensidades antes no percibidas. Y cuando ese encuentro acontece se produce algo del orden de lo poético por su condición de disonan-
cia respecto de lo ya conocido, por su índole de fulguración (aparición de
lo atípico dentro de continuidades homogéneas). Bresson supo otorgarle a
lo táctil en el cine otro estatuto al individualizar la(s) mano(s) con toda su
potencia gestual en un registro que no tenía antecedentes; inventó esa singu-
larización (un tipo de plano) y al hacerlo creó un espacio háptico (manos que
tocan, rozan). Y son ellas las que engarzan los planos (cine *de* y *con* manos) e
indagan en las variadas superficies del mundo. Un cine de la fragmentación,
de trozos, en donde la conexión no se encuentra predeterminada (serían los
"espacios desconectados" al decir de Deleuze).

En el caso de Pier Paolo Pasolini, su búsqueda se orientaba a lo que entendía/
advertía como materialidad arcaica (pensada como origen de lo vital), pre-
histórica o bárbara (suerte de origen perdido) en el sentido de lo ininteligi-
ble o intraspasable que habita en lo Real y que se encuentra en permanente
conflicto con la contemporaneidad. Un conflicto que atraviesa su cine, y dar
cuenta de él sólo puede llevarse a cabo a través de la desestabilización de los
modos convencionales en los que se asienta el cine en general y que el realizador italiano se atrevió a socavar. Para él, la imagen cinematográfica—como la
poesía—debe exhibir ese sustrato desplazado o domesticado por las articula-
ciones simbólicas de nuestra cultura. En definitiva, el *cine de poesía* para Pasolini se vincula a algo insoluble que lo constituye y remite a la imposibilidad de
representar aquello que es, precisamente, irrepresentable y que, en una diáfana
dicotomía política y por oposición, el *cine de prosa* (según él, el cine de Éric
Rohmer) se empeña en espectaculizar disimulando todos sus recursos formales, sus artificios; es decir, el cine mal entendido como ventana al mundo,

---

directores y operadores que se interesaban en su oficio supieron que la fotogenia
dependía, quizá no exclusivamente, pero en general y de manera segura, del movimiento. De hecho, el paisaje más banal, el decorado más ordinario, el mueble más
común, el rostro más ingrato pueden volverse interesantes en la pantalla, es decir
fotogénicos, si son mostrados allí, en el curso de una evolución de sus formas'" ("Lo
pequeño es hermoso" s/p).

como un vidrio transparente sin máculas que permite el ingreso directo a lo Real. En cambio, el director italiano cavila que lo Real sólo es mostrable indirectamente. Ya había señalado la existencia de un cine que se separaba de la racionalidad lógico-narrativa de la prosa y el teatro. Como bien puntualiza Eduardo Grüner, "el cine [para Pasolini] es no sólo 'interpretador' sino *creador* de realidad a la manera del mito, o incluso de la religión en su sentido más primigenio y arcaico, que transforma [...] el Caos de lo real en el Cosmos de lo simbólico" (225; énfasis en el original).

Aunque sigamos esta estela dejada por quienes pensaron el vínculo entre lo poético y el cine en el siglo XX, ¿quién puede, no obstante, precisar o demarcar en qué consiste lo cinematográfico (pregunta ahistórica cuya respuesta se encuentra en permanente movimiento o mutación) o delimitar qué es la poesía cuando ella nos atraviesa desde la noche de los tiempos? Para rodear (sólo rodear) lo poético cinematográfico abordaré sucintamente a continuación varios films de diferentes latitudes (la Unión Soviética, Estados Unidos/Francia, Polonia y Austria) y con estéticas disímiles aunque casi todos ellos se distinguen por la desactivación de la trama para activar el diálogo entre imágenes y espectador.[23]

Lo que sostengo seguidamente se presenta, entonces, como un conjunto de reflexiones que facilitarían un acercamiento a esa etiqueta o categorización, una aproximación que exhibe el carácter provisorio de cualquier explicitación que se pretenda abarcadora o completa. Lo poético cinematográfico no consistiría en designar o definir (subrayar) las cosas sino en irrumpir como un destello, producir resonancias, luminiscencias que nos permitan atrapar (ver, sentir, palpar), por un instante, algo del fluir del mundo; una pequeña perforación en lo distinto, lo olvidado, lo imprevisto. Un cine, también, en el que algo conocido pueda observarse/contemplarse como si fuera desconocido y al hacerlo así procurar des-domesticar nuestra mirada o desbaratar certezas ya anquilosadas. Lo poético residiría en aquello que intensifica nuestra experiencia sensorial, en lo que suscita la inventiva profunda del oído (como quería Bresson), en la posibilidad de abrir una pequeña incisión desentumecedora de nuestro modo de ver (y escuchar) el mundo (el cine). Cuando un sonidista

---

23. Soy consciente de que mi selección es caprichosa, antojadiza, parcial. Me guío por la inquietud suscitada por estos filmes e intento observar en ellos algunas de las formas que puede tomar lo poético cinematográfico. Retomo aquí lo que escribí en "Algunas consideraciones sobre lo poético cinematográfico" (2019).

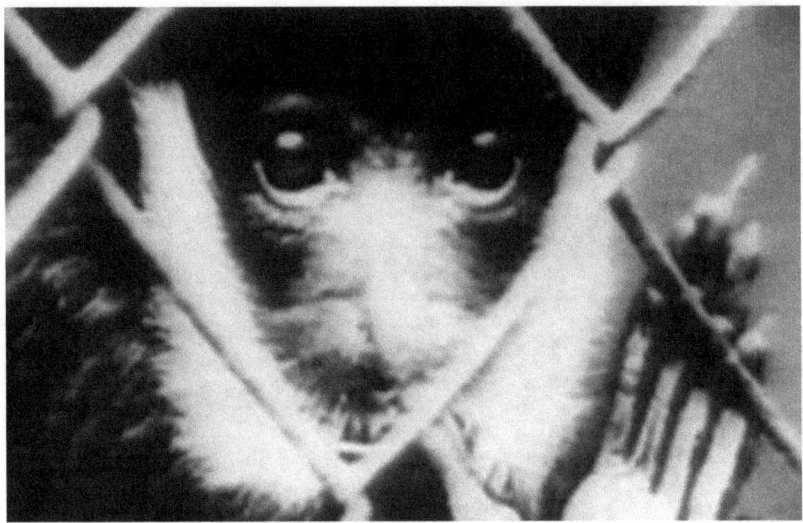

Figura 1. Fotograma de *Los habitantes*.

graba vibraciones de láminas de mimbres puestas bajo la lluvia para ofrecernos una tormenta; cuando ese sonidista crea, más abstractamente, otra tormenta a través de los descartes de las grabaciones sonoras de los vientos, encontramos en esas imágenes sonoras algo del orden de lo poético (el sonido cobra allí una dimensión en sí y no opera como mera duplicación de la diégesis).[24] A la escasez de palabras le corresponden voces y sonoridades sugerentes. Las operaciones que ponen en juego estos filmes multiplican las posibilidades de mirada. Producen, en definitiva, una verdadera experiencia del *ver* y *escuchar*.

Los habitantes (*Obitáteli*, 1970), uno de los cortometrajes del realizador armenio Artavazd Peleshián, constituye un título notable en la historia del cine. Una muestra contundente de que en la duración breve (apenas nueve minutos) puede hallarse una obra de arte y no una forma menor que sirve de puro ensayo o ejercicio para la posterior filmación de un largometraje. Este corto comienza con un primer plano de (un recorte de) un cisne que despliega sus alas (un solo plano invertido de izquierda a derecha, de derecha a izquierda que se repite varias veces), seguido por planos de otras aves que levantan vuelo y a los que luego le sucederán estampidas, animales encerrados, enjaulados o

---

24. Como se verá más adelante me refiero a lo efectivamente hecho en *La orilla que se abisma* (2008) de Gustavo Fontán.

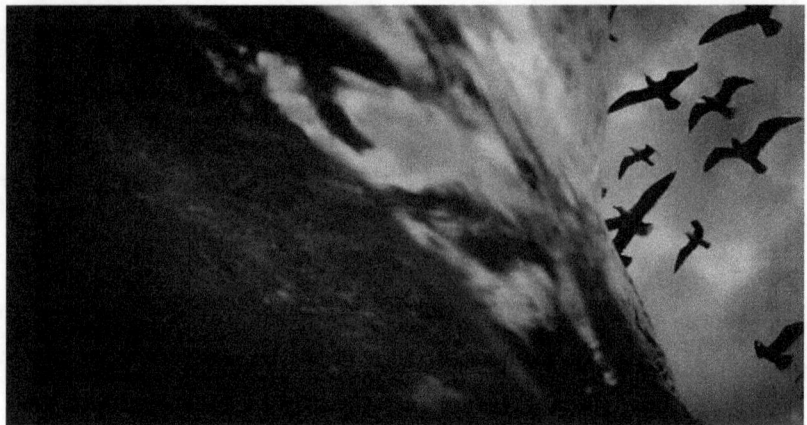

Figura 2. Fotograma de *Leviatán*.

atrapados, y unas figuras, casi abstractas, que podrían ser de seres humanos amenazantes con paso atronador. La depredación exhibida en planos brevísimos se conjuga en una estructura coral de graznidos, bramidos, rugidos, balidos, disparos, detonaciones, y de un barritar desesperado de manadas de elefantes. No hay en Peleshián un puro corte, un puro salto, sino que imagen, sonido y música se ensamblan para producir un efecto particular: él mismo sostiene que cuando vemos películas con música, nos parece que oímos música y que vemos la imagen, pero en sus filmes ambas cambian de territorio: vemos la música *y* oímos las imágenes.[25] Es decir, la música pasa al territorio de la imagen y la imagen, al de la música. Peleshián comparte con Bresson la idea de que el ojo en general es superficial; el oído, en cambio, es profundo e inventivo. Según el realizador francés, el silbido de un tren imprime en nosotros toda una estación. O sea que en el director armenio la intensificación de la experiencia sensorial se halla allí, en ese traspaso de un territorio a otro, en esa reterritorialización. Las imágenes de las veloces estampidas, de animales escapándose del inminente peligro, combinadas con la utilización de treinta pistas de sonido diferentes (MacDonald, "FICUNAM (06)" s/p), generan una suerte de estruendo, un torbellino poético.

Leviatán (*Leviathan*, 2012) de Lucien Castaing-Taylor y Véréna Paravel es una realización surgida del Laboratorio de Etnografía Sensorial de

---

25. "En mis películas la imagen puede ocupar el lugar del sonido, y el sonido ocupar el lugar de la imagen" (MacDonald, "FICUNAM (06)" s/p).

la Universidad de Harvard filmado con doce cámaras GoPro. Resulta más que apropiado preguntarse dónde reside lo poético en un barco pesquero en alta mar que ha partido del puerto de New Bedford, Massachusetts, y donde vemos el trabajo manual, el esfuerzo, el cuerpo con frío, atravesado por el viento y el agua; la brutalidad de ese trabajo ejercido a merced de la furia de los elementos. Encuentro algo del orden de lo poético en la enunciación que se vuelve inadjudicable: ¿un pájaro (una gaviota)? ¿Un pez? ¿El barco mismo? Esta larga sucesión de puntos de vista (mayormente no humanos) no sigue una línea narrativa, no presenta diálogos, sino pura experiencia sensorial.[26] Nuestro sentido de orientación o dirección se desdibuja todo el tiempo; nos cuesta saber dónde nos hallamos, en qué parte del pesquero. Son nuestros sentidos los que tienen que asir algo: pájaros, máquinas, el barco que hiende el agua, cadenas que lidian con las redes de pesca gigantes, el descabezamiento de los pescados cuyos restos luego se lanzan al mar y sirven de alimento de aves y otros bichos marinos. Imágenes brutales y poéticas, poéticas y brutales, al mismo tiempo. Cuerpos, sal, sangre, transpiración, desechos, redes, metales, chirridos, cadenas. En un momento hay un plano detalle de los párpados arrugados de uno de los pescadores, un plano sostenido, hasta que el ojo pareciera también él devenir una criatura de los abismos oceánicos.[27] Esa transformación es la que veo/entiendo como poética: la del ojo humano deviniendo criatura marina y la de la inadjudicabilidad de la enunciación (la notoria ambigüedad del punto de vista: ¿animal o inanimado?). Esa mirada múltiple o inasignable es poética; esa *indeterminación* es poética.

Film situado en Polonia en los años sesenta, *Ida* (2013) de Paweł Pawlikowski, exhibe los efectos del nazismo y sus cómplices en la (¿pequeña?) historia de dos mujeres que van a conocerse (¿reencontrarse?): Wanda, una jueza funcionaria del régimen, y su sobrina, Ida, una novicia que, a punto de tomar los hábitos, se entera de que es judía. Ambas, como sobrevivientes, bucearán dolorosamente en el macabro pasado familiar de secretos enterrados vinculados a la inagotable perversidad del nazismo. De esta selección de films, este es el único con trama ficcional y en el que lo poético cinematográfico se presenta, por un lado, en la sorprendente ubicación de los cuerpos en el encuadre: las figuras se colocan a un costado, empequeñecidas (cuerpos como en fuga). Un

---

26. "[Es] un cine corporal y sensitivo antes que intelectual, cuya forma artística se estructura a través de la pura materialidad de los elementos antes que por la figuración y por la superficie antes que por la profundidad" (Muñoz Fernández 139).

27. Zacharek observa bien esta correspondencia.

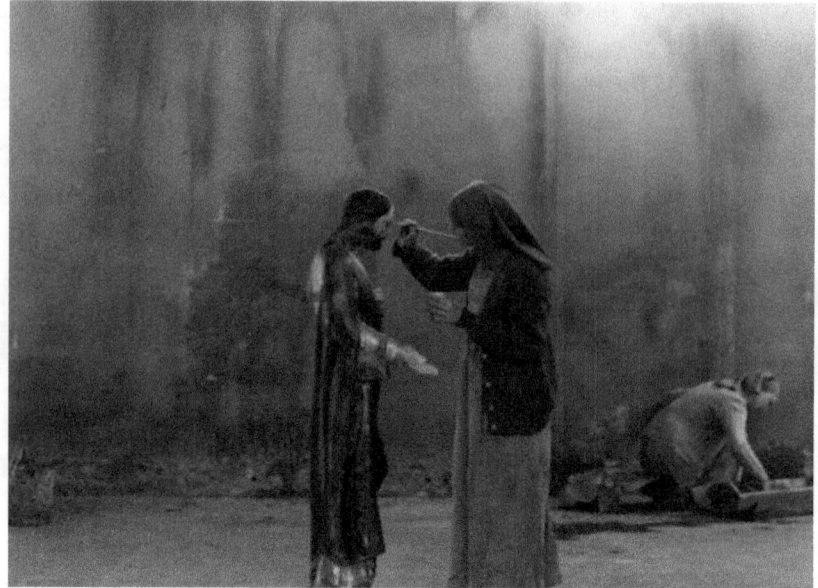

Figura 3. Fotograma de *Ida*.

espacio, podría afirmarse, tendiente a la fagocitación. Por el otro, en uno de los planos iniciales Ida pinta un Jesucristo de madera y el encuadre raro, bello, o bello por su rareza, no nos permite ver los pies de ella: las figuras (a)parecen como hundidas, como en un estar poco a poco cayéndose o a punto de que suceda ese derrumbarse. Un film delicado y sensual al mismo tiempo: un film que expone la materialidad en bruto del mundo (cuerpos, tierra, nieve, niebla, caminos, árboles despojados, muros gélidos e inexpugnables), pero que exhibe la fundamental extrañeza de quienes habitan ese mundo y que se desplazan como una suerte de espectros (frágil espectralidad que nos interpela). En estas imágenes austeras, circunspectas (como si los planos mismos sólo tuvieran por único objetivo acatar el devenir), la mayor parte de los encuadres con cámara fija contienen geometrías simétricas[28] pero también, tal como aseveré al principio, nítidas asimetrías en relación con la colocación de los cuerpos que transitan un mundo lleno de descalabros, estragos, y devastación. El sufrimiento siempre traza líneas tortuosas, zigzagueantes, nunca rectas.

---

28. Coincido plenamente con la lúcida (y lucida) lectura de *Ida* efectuada por Roger Koza (en mi opinión uno de los mejores críticos de cine de la Argentina). En su sitio de internet aparezco con seudónimo en mis intervenciones en "Ida" (2019).

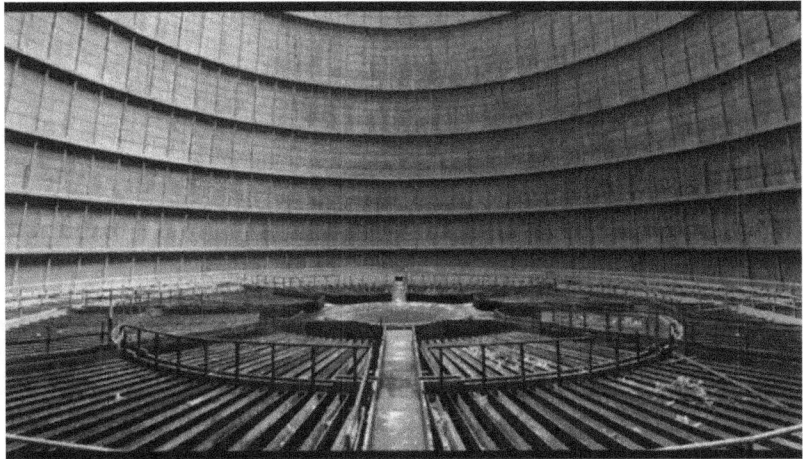

Figura 4. Fotograma de *Homo sapiens*.

Homo Sapiens (2016) es una realización de Nikolaus Geyrhalter que, pese al título, carece de presencia humana; no hay voces en *off* o música extradiegética. Filmados en planos fijos sólo hay espacios que, por razones no explícitas, quedaron abandonados. Así vemos desfilar, unidos por sucesivos fundidos a negro, una iglesia, un teatro, un hospital, una escuela, un puerto, una prisión, un barco, una cueva llena de chatarra herrumbrada, edificios gubernamentales, centros comerciales, plantas procesadoras, una ciudad entera carcomida por la extrema salinidad del agua. Se escuchan zumbidos, graznidos, gorjeos, crujidos, un trinar y un croar insistentes, el gotear del agua, el viento en su ulular incansable y los ruidos que producen los objetos o materiales al desplazarse (papeles, plásticos, cartones, maderas, ramas). Lejos de cualquier perspectiva bucólica, vemos polvo, óxido, nieve, arena, naturaleza omnívora. Un paisaje posindustrial pero también poshumano. Y lo exhibido no es el futuro como se ha afirmado (Bradshaw, "*Homo Sapiens* Review" s/p) sino el presente mismo en su poder devastador. Si bien en algunos casos podemos inferir las causas del abandono (tsunamis, efectos radioactivos, inundación, guerras, calentamiento global), la visión del planeta como ruina y desecho resulta escalofriante; tan desolador como esa montaña rusa que, similar al esqueleto de un animal antediluviano, va siendo devorada por las aguas de un mar en alza. Como en los filmes de Peleshián, Geyrhalter recurre a la inventiva de nuestro oído. Ante ese muestrario imparable de desechos pero, sobre todo, ante ese conjunto de sonidos naturales amplificados (ranas, pájaros, insectos, gotas de agua, vientos), nuestra experiencia sensorial se agudiza y observamos, en las ruinas y escombros, una coexistencia poética entre vida y muerte. Los planos fijos de esa materialidad derruida—aquello que el *Homo sapiens* ha dejado detrás de sí—cancelan la dispersión del espectador y, en su duración, habilitan el contemplar que el sonido intensifica. El desasosiego que sentimos frente a lo visible encuentra en las voces desplegadas en cada uno de los paisajes distópicos una sinfonía del mundo. Una sinfonía desasosegadamente poética.

Estos filmes me permiten observar que en la indeci(di)bilidad de lo poético cada uno de ellos reactualiza o demarca lo que le concierne a lo poético cinematográfico; exhibe, en su singularidad, aquello que le compete dentro de ese orden de imágenes.

A modo de síntesis, me remito a lo que Youssef Ishaghpour, el crítico, fotógrafo y filósofo francés de origen iraní, recoge del escritor Wallace Stevens: la idea de lo poético como "ángel necesario" condensada así:

> [Lo poético] es lo que no se puede acomodar a lo dado ni a cualquier concepción oficial del ser. Es la posibilidad de conferir una singularidad a lo que es un flujo puro y simple. Es la posibilidad de experimentar la pesadez del mundo y, al mismo tiempo, su propio poder de quitar, o de ayudar a quitar, esa pesadez para liberarse. Este sentimiento de liberación es lo esencial: se realiza en una forma necesaria y al mismo tiempo irreal y azarosa, que puede exponerse como juego irónico, gratuito incluso, como una manera de provocar tanto lo dado como la seriedad del arte. (288)

Capítulo I: Contra la museificación del mundo: La orilla que se abisma *y* La casa

Aunque ambas películas pertenecen a ciclos diferentes (la primera, al "Ciclo del río" y la segunda, al de "la casa"), las imbrico aquí por considerar que configuran dos de sus apuestas más radicales. En el primer filme, Fontán se "apropia" amorosamente en los planos de la poética fluvial del poeta argentino Juan L. Ortiz (1896-1978) construida fundamentalmente sobre la condición vaporosa e iridiscente de la naturaleza de su provincia natal; la despliega en la factura pictórico-cinematográfica (sin ninguna remisión a lo biográfico), tal vez como una suerte de traducción dado que Ortiz era también acuarelista. *La orilla que se abisma* se presenta como una experiencia poético-sensorial totalmente desentendida del cine narrativo en boga. No contiene argumento sino planos luminosos que conmueven y una banda sonora que cambia la percepción de la imagen.

Respecto del segundo filme, Fontán no filma la estela del acontecimiento, filma el acontecimiento mismo de la demolición de la casa familiar, pero no desde afuera, sino que efectúa el rodaje de ese arrasar desde adentro mismo de ella, es decir que la cámara registra mientras pareciera flotar en el polvo de lo que va conformándose en vestigio y expone así las etapas del despedazamiento. Con esta decisión poética Fontán impulsa otro régimen de imágenes con el cual crea una atmósfera cercana a lo onírico donde copulan imágenes del pasado y el presente, donde convive lo fugado con la ruina actual. Una decisión política también porque impide la calcificación del sentido.

Capítulo II: El tiempo de las cosas. Las cosas en el tiempo. Sobre El árbol y Elegía de abril

Junto con *La casa* estos filmes pertenecen precisamente al "Ciclo de la casa". Fontán exhibe un desvelo por el mundo sensible; mundo en el que lo cotidiano y la naturaleza son escrutados también amorosamente a través de distintos dispositivos técnicos; sabe mirar aquello que destila lo cotidiano porque cuando se (lo) sabe mirar aparecen allí pequeños prodigios (poéticos). Estamos frente a la levedad y la gravedad de la vida misma (Álvarez, "En busca del tiempo perdido" s/p). El detenimiento impone un "distanciamiento analítico" (Oubiña, *Una juguetería* 115): la intervención sobre la temporalidad da lugar a la función poética de la imagen al producir otros sentidos más allá de las hojas de una planta o los agujeros de luz solar en una ventana. Por eso, cuando una planta, una ventana o el árbol "regresan" como planta, ventana y árbol, regresan expandidos. Como en casi todas sus realizaciones, Fontán escruta los objetos, la figura humana y la naturaleza: "[las operaciones de cámara], en su acercamiento, en su atención obsesiva, deforma[n], recupera[n] para el cine una opacidad más bien propia de la poesía" (Maté, "Dossier Fontán—*El árbol*" s/p).

Me guía en este capítulo lo que postula David Obarrio: "*Elegía de abril* replica el nombre que da título al libro encontrado [del poeta Salvador Merlino] y se convierte, con un movimiento terminante, en rotunda continuación de la poesía por otros medios" ("Magia y pérdida" s/p). La *elegía* de abril termina convirtiéndose en una *oda*. Lo que ambas realizaciones exhiben es que el cine puede dejar de lado la omnipotencia de los formatos narrativos y apostar por su potencialidad poética.

Capítulo III: Filmar la percepción. De rostros, espectros, fragmentos de materia. (El "Ciclo del río")

¿Qué son esos rostros, sonidos, imágenes de un ecosistema que Fontán busca, rastrea, persigue (*El rostro, El día nuevo*)? ¿Qué ven cuando miran? ¿Qué rasgos tienen? ¿Qué son, a qué remiten esos sonidos nuevos? Intento contestar aquí estas preguntas partiendo de lo que hace Fontán mismo: colocar lo viviente en primer plano: ríos, árboles, follaje, insectos, pájaros, una niña que juega con un paraguas rojo, un pescador que asa un pescado a la brasa recién extraído de las aguas, un hombre que se arroja a un río, que nada y se sumerge escapándose de una mortificación añeja (*El limonero real*). Sus filmes constituyen una suerte de trance poético hecho de imágenes y sonidos; nos encontramos de frente a la pura modulación de la sensibilidad. Como sostiene Roger Koza: "La cámara de Fontán es la invención de una mirada, un plano del que todavía no tenemos un nombre" ("Mes FICUNAM 2014 (07)" s/p). Por medio de esa cámara, las corrientes de los ríos fluyen hacia algo nuevo, aislado en su singularidad. Ecosistemas abiertos. Poética de lo fluvial.

La experiencia estética que brindan *El rostro* y *El día nuevo* es la de una contemplación activa. Como con la poesía de Juan L. Ortiz en el primer filme mencionado (*La orilla que se abisma*, con el que se inicia el "Ciclo del río"), aquí nos vuelve a encauzar—a acercarnos—hacia la unión con las criaturas y las cosas (hay con*tacto*).

El "fondo" del filme *El limonero real* es la novela homónima (1974) del escritor argentino Juan José Saer. No nos topamos con una "adaptación" (término muy problemático):[29] el cine muestra aquí cómo se puede recoger la estela (poética) que deja un relato. Es cierto que, por su formación en Letras, Fontán extrae las reflexiones cinematográficas de la literatura. Su acercamiento a Saer no desconoce el modo en que su escritura se fragmenta; textos que se configuran como cine y montaje, con una sintaxis que empieza a moldear algo y lo arma en una articulación que pertenece al cine. En un momento dado en *El limonero real* (de Fontán) Wenceslado se lanza al agua, se hunde y no se sabe si intenta morir ahogado o no. Esta es la *imagen madre* del filme;[30] aquí Fontán

---

29. Véase este capítulo (III) donde abordo lo cuestionable de este término.

30. Del concepto "instante preñado" de Lessing a través de Roland Barthes surge el de *imagen madre* (Barthes 96-97). Se la considera así porque puede sintetizar las imágenes previas y suscitar el avance de las posteriores.

nos brinda acceso a aquello que no se muestra y sin embargo *vemos* porque el oído nos lo suscita. El tiempo aparece libre de teleología, de totalidad; aparece como devenir constante. El duelo, su consecuente dolor y el continuar vivo por elección no se dice, *se siente*.[31] Porque ¿qué es un duelo sino un constante trastabillar, un sentir que no se pisa tierra firme, un permanente evitar caer o hundirse en el fondo oscuro de un río profundo y opaco? Islas y duelo coinciden ontológicamente. No obstante, el dolor por la ausencia de un ser amado y el propio continuar con los vivos no se dice, sino que se percibe.

Una vez más: la levedad y la gravedad de las figuras humanas, de la naturaleza, de las cosas, como si todo estuviera en estado de flotación.

Capítulo IV: Variaciones del agua y lo sólido. "Trilogía del lago helado": Sol en un patio vacío, Lluvias, El estanque

Oscar Cuervo arguye que Fontán "se vale de ciertas fragilidades de la técnica (no de sus facilidades) para reintegrar el trance del cine a experiencias de las zonas periféricas de la conciencia" ("Trilogía del lago helado" s/p; mi énfasis). Es—otra vez—de la experiencia perceptiva (en esta trilogía se trata de una "percepción sonámbula") de las que nos habla Fontán.

Como en una composición musical hay tres movimientos: *Sol en un patio vacío, Lluvias* y *El estanque*. Alejados de toda voluntad narrativa, estos filmes operan por acumulación: el viaje en auto por una ruta en un día lluvioso; un bosque; una mujer que se desplaza descalza por la arena y el agua de una playa; una casa y una ciudad con sus habitantes ancianos y con sus trabajadores; siluetas y edificios; carcasas, estructuras, espacios. "Los materiales no se ordenan para generar suspenso: están en suspenso" como certeramente apunta Gastón Molayoli ("Alrededor de las cosas" s/p). No hay acción sino tiempo. Fontán filma la impermanencia. La lluvia deforma la imagen; lo Real se presenta tembloroso. Se exhibe una mirada asombrada ante los contornos difusos de las cosas. Poética de lo inconcluso como si filmar fuera una suerte de tomar apuntes. Austeridad expresiva, del lado de la sugerencia y del silencio. El desenfoque en estas acuarelas en movimiento hace centellear un bloque de mundo. El título quizás algo enigmático de *Trilogía del lado helado* remite a los sueños y al sonambulismo. El guion es de Fontán y la escritora Gloria Peirano que participa también del último proyecto de Fontán (capítulo

---

31. Esto lo observa bien Roger Koza en "El limonero real (04)" (2017).

V) y quien experimenta esa forma inusitada de existencia que es, precisamente, el sonambulismo. "Cuando se encuentra en ese estado, ella vive en la *rasgadura* del hielo" (énfasis mío), señala la *voz over* de Fontán en *El estanque*. La rasgadura (del hielo) es una figura que atraviesa su cinematografía: lo inestable del mundo, esa superficie sensible que puede resquebrajarse en cualquier momento, pero también es lo incomprensible, lo inesperado (una forma, un color, un desborde de algo) y aquello que en definitiva nos mira y nos interpela a *nosotres*, les espectadores.

Capítulo V: *Los condenados de la tierra:* La deuda

Fontán trabaja en la totalidad de sus realizaciones con un equipo poco numeroso y con recursos más bien limitados. *La deuda* contó con el apoyo de las productoras respectivas de Lita Stantic y Agustín y Pedro Almodóvar ("El deseo"). Filmada enteramente en CABA (Ciudad de Buenos Aires) y en el Conurbano (bonaerense), con guion del propio Fontán y de Gloria Peirano, *La deuda* contiene secuencia narrativa: Mónica (Belén Blanco), empleada en una oficina, tiene que reponer una suma de dinero que sustrajo o tomó prestada. Nunca se sabrá. Dispone de la tarde y toda la noche para recaudar esa suma. *La deuda*, especie de *road movie* o también western, contiene recorridos nocturnos y espectralizados. Lo perceptivo tiene tres anclajes fuertes: una camioneta, cuyo plástico cobertor trasero flota al viento en la autopista, el casino en el que hay una mujer ludópata y el viaje de madrugada en tren (ya conseguida la cifra adeudada). El registro sonoro se desentiende del traqueteo insistente de la maquinaria. El filme apunta a que la deuda está marcada en el cuerpo de cada uno; el desamparo se ve/se siente/se percibe/se oye, un desamparo suscitado por un salario magro y por una deuda eterna que se contrae cada día para sobrevivir y nada más.

"La belleza de [una] película no residirá en las imágenes (tarjetapostalismo) sino en lo inefable que ellas ponen de manifiesto", nos dice Bresson (114). Esta nota de trabajo o aforismo del director francés puede funcionar como una forma de síntesis de la búsqueda en la que ingresa Fontán: desfosilizar nuestra mirada, abrirnos (a) mundos auditivos, ampliar nuestra visión a partir de esa suerte de lengua extranjera que es su cine, habilitar la percepción, y reconfigurar el espacio de lo sensible al apelar a una malla poética—y pictórica— con su *tempo* propio y así alejarse de los modelos serializados de las retóricas estandarizadas del mercado tardo-capitalista.

CAPÍTULO I

Contra la museificación del mundo

La orilla que se abisma y *La casa*

Tal vez/ la verdad depende de un paseo alrededor de un lago/
un descanso en los vaivenes de los pinos/ como en una elevación.
Wallace Stevens, *Notas para una ficción suprema*
(edición y traducción de Javier Marías, 2020)

Sí, estamos todos cansados, y nos olvidamos demasiado del oro del otoño.
Acaso la revolución consista en lo que el hombre por siglos ha estado
postergando:
la necesidad del verdadero descanso, el que permite ver cómo crecen,
día a día, las florcitas salvajes. El hombre necesita mirar las flores y mirar el
cielo.
Juan L. Ortiz ("Conversación con Juan L. Ortiz", *Revista Crisis*, 1976)

EN EL PRESENTE CAPÍTULO me propongo observar cómo se forja lo
poético cinematográfico en dos de los filmes de Fontán: *La orilla que se
abisma* (2008) y *La casa* (2012). Como adelanté, aunque ambas películas pertenecen a ciclos diferentes (la primera, al "Ciclo del río" y la segunda, al
de "la casa"), las imbrico aquí por considerar que constituyen dos de sus apuestas más radicales.[1] Son filmes que exhiben lo poético como un estado febriciente de la sensibilidad durante el cual uno ve cosas que en otros estados no
se ven (como pretendía el poeta entrerriano Juan L. Ortiz). Estos "documentales" pierden los trazos de tales para exponerse como mirada que se atreve

---

1. Una primera versión de este capítulo apareció en *Studies in Spanish & Latin
American Cinemas* n° 11.2 (2014): 167–77.

al susurro, a la "revolución del descanso", al intento de registrar el mundo en su devenir, escandido por instantes salvajes. Ambos filmes rompen con los códigos tradicionales de narración y subsumen la imagen en lo descriptivo sensorial, y al hacerlo le otorgan al tiempo un lugar independiente del relato; el acento no se coloca sobre la transformación del objeto sino sobre el objeto en sí, desarrollado temporalmente.

La filmografía de Fontán suscita una experiencia estética que nos invita a preguntarnos qué *es* el arte pero también qué *hace*. A tal efecto, resulta pertinente recurrir al interrogante que se plantea la poeta Liliana Piñeiro: "¿Cuál sería, por ejemplo, la diferencia entre ver un campo de girasoles y contemplarlos en un cuadro de Van Gogh?" ("Bafici: La orilla que se abisma" s/p). En la tela del pintor holandés efectivamente hay un *plus*, un añadido: "los girasoles desbordan", como sostiene Piñeiro. Los filmes de Fontán nos dejan abismados, a la orilla de la naturaleza en general y de la humana en particular. Pero también, y fundamentalmente, nos invitan a sentir/pensar qué (nos) hace el arte. Según Simon O'Sullivan (siguiendo a Brian Massumi) el arte produce afectos en tanto "momentos de *intensidad*, una reacción en/sobre el cuerpo al nivel de la materialidad" (126; énfasis en el original).[2] Si entendemos el arte como un haz de afectos o "bloque de sensaciones [...], un compuesto de perceptos y afectos" (Deleuze y Guattari, *¿Qué es la filosofía?* 164), una constelación de fuerzas, a la espera de ser reactivados por el espectador (O'Sullivan 126), más que interpretarlos lo que hacemos es experimentarlos. De esa intensidad da cuenta Fontán, consciente de la potencia afectiva de las imágenes visuales y sonoras, porque, en definitiva, discierne el arte como "portal, como punto de acceso, hacia otro mundo (nuestro mundo experimentado de modo diferente), un mundo de impermanencia e interpenetración, un mundo molecular del devenir" (O'Sullivan 128) y, también, como apertura al universo no humano del que somos parte. Estamos atrapados (o entrenados) en un cierto registro espacio-temporal pero sus realizaciones se presentan con capacidad de alterar ese registro: los desenfoques, las ralentizaciones, el proceso de abstractización de las formas, la no coincidencia de lo sonoro con lo visual, aparecen en su función de fisurar, de desterritorializar. No se trata ya de la estabilización del sentido (sentido del mundo, sentido del cine) sino de "ampliar los límites de lo que puede ser experimentado" (O'Sullivan 130).

---

2. La "teoría de los afectos" se desprende de Baruj Spinoza que definía el *afecto* como el *efecto* en nuestros cuerpos (los afectos como inmanentes a la experiencia).

En el primer filme, *La orilla que se abisma*, Fontán explora la poética del escritor argentino Juan L. Ortiz (Puerto Ruiz, 1896-Paraná, 1978). Ortiz era un poeta de lo fluvial y su bruma (movimientos, intensidades, recorridos, ritmos, sonoridades), pero también poeta de las lomas y de los montes, y de la desigualdad entre los seres humanos. Poeta de iridiscencias y de lo leve, siempre buscando una suerte de murmullo del orden vital. Poeta surgido en una región (la litoraleña argentina) que él vivió (transitó) como dadora de un vitalismo aniquilante de la muerte. Sorprende por sus imágenes vaporosas, acuosas, que constantemente descentran al yo (no hay, no se produce una yoificación del río). Ortiz se nutrió del gran bagaje de siglos de la poesía española, de Rilke, Pound, Mallarmé, Éluard, Cummings, de los simbolistas belgas (en particular de Maeterlinck) y la gran tradición china. Tal y como afirma Jorge S. Perednik: "La imagen orticiana—en tanto síncresis de lo oriental con el simbolismo—se lee como la fusión del sujeto y el mundo, consumada en el éxtasis del mirar". Un mirar efectuado desde la noción de que somos apenas unas criaturas diminutas más dentro de ese orden vital (59).[3] Fontán en *La orilla que se abisma* no presenta trama en el sentido narrativo, sino urdimbre, lienzo, malla pictórica, donde vemos cómo la lluvia pinta figuras sobre las hojas de la vegetación entrerriana, donde escuchamos la acústica del paisaje, donde el clima se nos aparece como una suerte de erotismo barométrico; un espacio de arte en el que no hay planos breves, sino planos que le otorgan al espectador tiempo para pensar y contemplar la unidad de lo viviente. Los ralentis y desenfoques nos dejan a la orilla de otra parte, o como en otro mundo a partir de una sensorialidad que (nos) con*mueve*.

En el segundo, *La casa*, pareciera ser ella la que poéticamente cuenta su propia historia, la que hace un muestrario de sus rincones, sus cuartos ya vacíos; la que exhibe el desfile de sus fantasmas, sus voces, sus vestigios, para finalmente dar cuenta también ella misma de cómo la derriban en el cruel proceso de desmantelamiento y frío protocolo de demolición. La particularidad de Fontán es que no filma la estela del acontecimiento: filma el acontecimiento mismo de la demolición, pero no desde afuera, sino que efectúa el

---

3. Los estudios de Raúl García, Noé Jitrik, Jorge S. Perednik, Roberto Retamoso y Héctor A. Piccoli, aparecidos en el número especial de *Xul. Signo viejo y nuevo. Revista de literatura*, n° 12 (1997), me resultaron de referencia sustancial para leer a Juan L. Ortiz. Hago explícita mi gran deuda para con ellos.

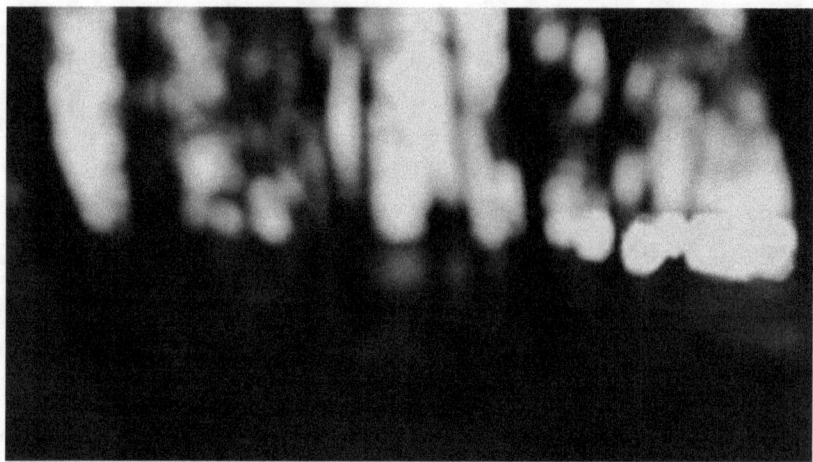

Figura 1.1. Fotograma de *La orilla que se abisma*. Gentileza de Gustavo Fontán.[4]

rodaje de ese arrasar desde adentro mismo de la casa, es decir: la cámara registra mientras flota en el polvo de lo que va conformándose en vestigio y expone
así las etapas del despedazamiento. Con esta decisión poética (y, por lo tanto,
política en el sentido amplio de la manera de ver las cosas, de sentirlas, de
transformarlas) me animaría a sostener que Fontán impulsa otro régimen de
las imágenes con el cual—como se verá más adelante—crea una atmósfera
cercana a lo onírico donde copulan imágenes del pasado y el presente, donde
convive lo fugado con la ruina actual; donde al decir de Cinelli "[...] consigue
texturas naturales que materializan lo invisible" ("Como una bitácora" s/p).

Antes de abordar el primero de los filmes mencionados quisiera hacer una
puntualización respecto de la cuestión de *lo* documental o del documental
porque planteo que no resulta adecuado hablar de género sino de *modo*, en
el sentido de que el documental tal como lo propone Nicolás Prividera, "[...]
no es un sistema de reglas de formateo de la 'realidad', sino una dimensión del
cine *como aproximación abierta a lo real*" ("Tesis sobre el documental" s/p).
La cámara funciona como "un *colisionador*, un *dispositivo experimental* que
hace chocar elementos heterogéneos de lo real, en busca de una definición [...]

---

4. Todos los fotogramas pertenecientes a los filmes de Gustavo Fontán los repro-
    duzco en este trabajo gracias a su gentileza y amabilidad. Expreso aquí mi total
    agradecimiento por su enorme generosidad.

de la realidad. Pues la cámara, en su mediación con el mundo, hace impactar lo real contra el dispositivo cinematográfico" ("Tesis sobre el documental" s/p; el énfasis me pertenece). Lo que coloca a Fontán en su peculiaridad o su rareza como realizador es que opta por mostrar los restos de ese choque y al hacerlo expone, a la vez, y en todo caso, la condición *inestable* de lo documental. Podría afirmarse entonces que la operación que lleva a cabo Fontán es la de documentalizar la experiencia cinematográfica—la de filmar—en el sentido de que se constituye en la bitácora de una investigación y como tal en una experiencia siempre imprevisible que es la del encuentro mismo con el mundo. Pero no es que crea un "documental" (Depetris Chauvin, "Cómo pintar un río" 129).[5] Considero que estamos más cerca de lo que afirma Prividera (un colisionador) o, en todo caso, de lo que Jean Claude Bernardet llama "documentales de búsqueda", filmes donde la investigación se lleva a cabo mientras se filma, con lo cual lo que se registra es el proceso de esa investigación. Se sabe el *qué* pero no el *cómo*. Y afirma que "los cineastas no saben si [el] objetivo será alcanzado o no, y tampoco saben de qué forma será alcanzado. Por este motivo, la filmación tiende a transformarse en la documentación del proceso" (Bernardet 16). Y es de esta experiencia (documentación del proceso; no de ser documentales) que dan cuenta los filmes de Fontán.

Lo que Jean-Claude Lemagny afirma a propósito del trabajo del fotógrafo ciego Eugene Bavcar muy bien puede aplicarse también al *modus operandi* de Fontán en relación con el espacio, porque lo que sabe exponer y hacer hablar en su cine es la tactilidad de los objetos, como si el volumen de las cosas fuera recorrido con la yema de sus dedos. "Lo que está aquí adelante es la forma en el espacio. La luz, en última instancia, no está ahí sino para hacerla aparecer"

---

5. Si bien Depetris Chauvin recurre a lo que Bill Nichols llama "'modo poético del documental' y es una forma de dar cuenta de aquellos filmes que, más allá de incluir poesía en sus narrativas fílmicas, han tratado de recrear cinemáticamente la estética de un poema" (128), no deja de clasificar *La orilla que se abisma* como "documental" (129–30). Creo necesario señalar, tal y como sostenía Ricardo Parodi en sus clases sobre el documental en el Goethe-Institut de Buenos Aires (2009), que "[e]l cine siempre es una ficción, siempre es un armado, una producción, un simulacro (en el sentido platónico del término). Por otra parte 'documentar' algo implica colocarlo en algún orden de legalidades" (mi desgrabación).

(269). Fontán en cine—como Bavcar en fotografía—, "nos hace volver a esa verdad fisiológica de que el sentido de la vista es una modificación local del sentido del tacto [...], como el ciego que ha recobrado la vista comienza sintiendo que los objetos le raspan en el fondo del ojo [...]. En la medida en que todo arte es también meditación sobre su propio medio el fotógrafo [como el cineasta] interroga la luz [...]" (269) y, por ende, también interroga las sombras, las superficies, las formas. Es una puesta en e-*videncia* del espesor de las imágenes. En definitiva, las imágenes con las que trabaja Fontán son hápticas porque enfatizan la naturaleza inmanente y corporal de la experiencia del arte; exhiben una economía de la mirada alternativa que privilegia la presencia material de la imagen. Cine háptico en el sentido de constituirse en un objeto con el cual interactuamos más que ser una ilusión en la cual ingresamos (Marks 190) como en un viaje inmóvil.[6] Fontán teje una poética del espacio háptico a través de un tenaz merodear de la cámara; no obstante, en muchos momentos esta se detiene en algo que se revela sin importancia aparente pero que, a través de ese detenimiento, se convierte en especial, una apuesta por el contemplar. Al respecto, Hernán Sassi cita a Kluge en *120 historias del cine*:

> Al cine le falta algo. El conocimiento de lo elemental. ¿O acaso alguna vez se vio una película sobre "una gota de agua", "una telaraña a lo largo de todo el verano", "hojas que caen al viento"? [...] Es preciso llevar a la pantalla *lo elemental*—"un suelo de un pie de ancho", "el crecimiento de

---

6. *Háptico* proviene del griego que significa "capaz de entrar en contacto con". Laura Marks en su clásico *The Skin of the Film* (2000) y Giuliana Bruno en *Atlas of Emotion* (2002) proponen un acercamiento espacio-corpóreo, superador de la "mirada óptica" y el "enfoque ocular" que ha sido el centro de la crítica cinematográfica canónica. Marks puntualiza que "[m]ientras que la *percepción óptica* privilegia el poder representacional de la imagen, la *percepción háptica* involucra el cuerpo mucho más, a diferencia de la visualidad óptica. El tacto es un sentido que se localiza en la superficie del cuerpo: pensar el cine como háptico es sólo un paso hacia considerar los modos en que el cine apela al cuerpo como un todo" (163). ["While optical perception privileges the representational power of the image, *haptic perception* privileges the material presence of the image (...). *Haptic visuality* involves the body more than is the case with optical visuality. Touch is a sense located on the surface of the body: thinking of cinema as haptic is only a step toward considering the ways cinema appeals to the body as a whole"]. Tacto y con*tacto* aparecerán aquí en consonancia con "háptico".

la uña de un muerto", "un penacho de hierba que se marchita y a continuación renace"—para poder reencontrar en el cine *las impresiones sen-*
sibles que salen al cruce de los hombres. (Sassi, "*La orilla que se abisma* de
Gustavo Fontán", s/p; énfasis mío)

para concluir que "Fontán ha querido que lo dicho por Kluge no cayera en
saco roto. Para ello, más que de un paisaje, se ha valido de una voz".

La orilla que se abisma (2008) se filmó en la provincia de Entre Ríos, una
región atravesada por infinitud de ríos, arroyos crecidos o aguas mansas, lluvias torrenciales o garúas persistentes, cadenas de islas, flora y fauna exuberan-
tes. La película se presenta como un itinerario fluvial y vegetal en diálogo con
la propuesta estética de Juan L. Ortiz a partir de su vínculo con su tierra natal,
donde creció y vivió toda su vida. Si bien el filme se concibe como una meditación sobre la poesía de Ortiz, hay escasas palabras en él: una placa negra
que contiene un breve texto del poeta entrerriano[7] y, al final, su voz grabada
recitando el poema "Villaguay". Sin embargo, otras voces hablan a lo largo de
la película, una verdadera acústica de este ecosistema: zumbido de insectos,
hojas y ramas agitadas por el viento, ranas y grillos, gotas de lluvia que salpican la vegetación, el sonido de un remo, las olas que se deslizan contra la
orilla de los ríos, una tormenta amenazante. Sólo unas pocas figuras humanas
aparecen caminando en silencio, pescando o simplemente contemplando. La
naturaleza se vuelve lentamente como una paleta abstracta; los desenfoques
dan paso a lo que parecieran ser densas texturas. Toda la película resulta en
una exploración de la conexión entre las viejas y las nuevas tecnologías audiovisuales, es decir, entre el cine digital y las secuencias de metraje documental
sobre Ortiz que Fontán incluyó en su propia película.

Fontán busca en otra orilla, no en la del documental canónico que, cuando
de una figura reconocida se trata, generalmente exhibe una suma de datos,
provee informaciones, una presunta objetividad, o didactismos muchas veces
vulgares. Si algo supo "traducir" Fontán de Ortiz—si tal cosa fuera posible—
es que la poesía es visión, un estado febriciente de la sensibilidad que nos
permite observar, advertir, distinguir, reparar, descubrir. Hurga en el revés
de aquello a lo que remite el título del filme, *La orilla que se abisma*, de cuño

---

7. "[E]stamos todos cansados, y nos olvidamos demasiado del oro del otoño. Acaso
la revolución consista en lo que el hombre por siglos ha estado postergando: la
necesidad del verdadero descanso, el que permite ver cómo crecen, día a día, las
florcitas salvajes". Véase el epígrafe de este capítulo.

inobjetablemente orticiano; expone un movimiento contrario al señalado en ese título. Podría decirse entonces que el filme también se constituye en una especie de *abismo que se orilla* dado el borde, umbral o linde con el que opera: la dificultad doble de trabajar en cine con poesía y, en este caso en particular, con la sutileza, los resplandores, los destellos de la de Ortiz. Un abismo que se orilla—se acerca y se materializa—en tanto y en cuanto ofrece la posibilidad de asomarse a esa deriva que es la poesía de Ortiz, asomarse a su carácter de no-acabado en la permanente aspiración de abismarla "[...] conduciéndola hasta el borde del sentido, suspendiéndolo constantemente" (García 54).[8]

Al abjurar de la actitud pretenciosa de traducir "una inscripción escritural" a "una inscripción cinematográfica" (Pujato 28), el afán de Fontán se distingue de la mera ilustración de las palabras con imágenes; más bien, se orienta a captar la mirada orticiana sobre el mundo, y al hacerlo lo que nos queda es la materialidad trabajada a partir de una sintaxis cinematográfica que opera *con* las cosas y no *sobre* las cosas, tal como quería Rainer Werner Fassbinder, y que Fontán secunda. No hay planos breves en *La orilla que se abisma*; hay planos que por su duración le dejan al espectador tiempo para observar y pensar. Frente a la grandilocuencia del cine *mainstream*, el cine espectáculo y de entretenimiento, le opone un cine que musita, una espectralidad que nos interpela. Y este carácter de lo espectral lo afirmo también en el sentido de que el filme de Fontán se topa con esa índole fantasmal—se diría—que tiene la poesía, en cuanto a su modalidad antipragmática se refiere, alejada de los andariveles por los que transitan cómodas las mercancías literarias de consumo masivo más inmediato.

Como un gran eco de la cita-epígrafe del inicio de este capítulo, Fontán despoja de relato lo que sólo son instantes salvajes, como las "florcitas" de Ortiz; se desentiende de la suma de datos, de la trama narrativa, y al desentenderse de la dictadura del relato da cuenta del pleno fulgor de la naturaleza (la flora, los ríos, el cielo, los pájaros, los perros, los gatos) y se asoma, también, a la naturaleza humana en su cohabitación con ella. El taoísmo de Juan L. Ortiz que se deja leer en sus poemas: "[l]a pérdida de importancia del ser humano, que deja de ser el centro del mundo para ser un integrante más, minúsculo como los otros, del inmenso orden de la vida, el respeto por las

---

8. "Allí, en el borde abismado, nace el sentido, la posibilidad poética misma. Tensión constante que, en esta poética, tiende [a] disolver las formas para extenderse en un infinito de líneas abstractas" (García 54–55).

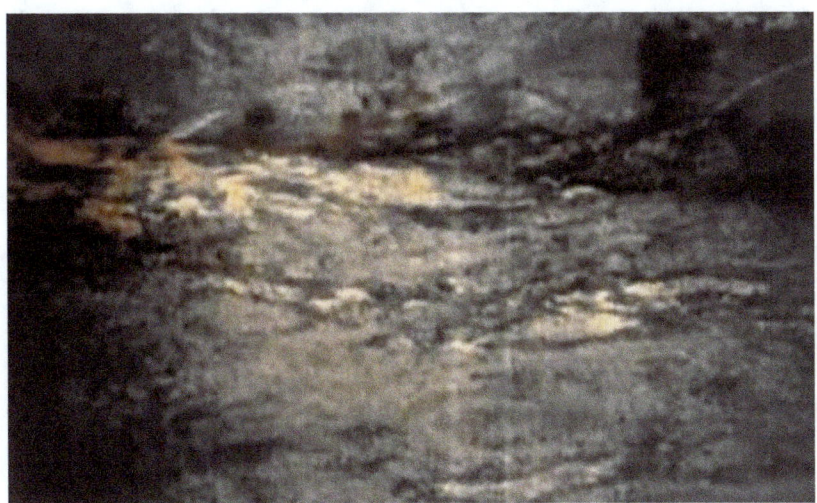

Figura 1.2. Fotograma de *La orilla que se abisma*.

manifestaciones vitales que lo circundan, la sujeción a leyes naturales eternas [...], la búsqueda de armonía" (Perednik 65), en Fontán se transmuta fundamentalmente en sonido: calandrias, ranas, grillos, el follaje al viento, los juncos y su mecerse, las infinitas sonoridades del agua en su paso lento o en su discurrir veloz, la lluvia al caer y resbalar desenfrenada por las hojas, el rumor leve de los hilos de agua, la tormenta, el sonido de los remos que hienden la densidad fluvial. Se dan cita así las voces de la naturaleza en su entonación coral; una verdadera acústica del paisaje que prepara el camino para que escuchemos hacia el final la voz de Ortiz recitando sus propios versos (poema "Villaguay") desde un material de archivo en súper 8, de los años setenta, en blanco y negro que, utilizado pero fundamentalmente intervenido digitalmente por Fontán, se vuelve parte de *La orilla que se abisma*.

El registro de la naturaleza se va abstractizando; va augurando su camino hacia la extrañeza, sus contornos van perdiendo nitidez a través de varias operaciones formales fundamentales: por un lado, el desenfoque, algunos suaves ralentis y fundidos encadenados: imágenes que se yuxtaponen y entrelazan en un camino hacia esa abstractización que hasta donde sé no se había visto antes en la filmografía argentina.

Por el otro, como otro recurso formal mencionado más arriba, Fontán echa mano de material de archivo perteneciente a *La intemperie sin fin* de Juan José Gorasurreta, documental producido y rodado por el Taller de Cine, del

Cine Club Santa Fe entre 1976–1977. En él vemos la delgadísima silueta de Ortiz desplazándose como una sombra; después cebándose un mate, observando; recostado en un sofá. Vemos en otro instante a un parroquiano, un bote, orillas, ramas, agua, para luego escuchar su voz recitando sobre la imagen del filme-pintura de Fontán (en diálogo con las acuarelas del poeta). Pero al espectralizar la figura de Ortiz algo del orden de lo inquietante se produce a partir de esa presencia instalada ella misma en una suerte de bruma, como cuerpo que se mueve acorde a la condición vaporosa de la naturaleza poetizada por él. Por lo tanto, para suscitar nuestra propia contemplación al procedimiento de yuxtaposición y entrelazamiento de imágenes filmadas en la provincia de Entre Ríos, al palimpsesto o concierto de colores, formas, texturas, irisaciones, tonalidades, se le añade otra capa en blanco y negro: la del documental realizado poco tiempo antes de la muerte de Ortiz (acaecida en 1978) pero intervenido por Fontán treinta años después. Imágenes que al digitalizarlas las convierte en granulosas y vacilantes como si una mirada quisiera ver cómo nos interpela un ser extinto, regresado del reino de los muertos, en su actitud contemplativa.

Con *La orilla que se abisma* estamos frente a una verdadera experiencia sensorial en un recorrido que va de lo sólido a lo evanescente: de las rugosidades de los troncos y la densidad de las ramas a la bruma que lima los contornos, que siluetiza a los hombres y sus barcas, y una sonoridad expresiva que, en algunos momentos, se vuelve también abstracta. Una tormenta que se escucha producida por las vibraciones de láminas de mimbres (como adelanté en la introducción), láminas y descartes de vientos grabados por el sonidista que nos ofrecen una acústica extrañada y que genera algo del orden de lo poético (el sonido cobra allí una dimensión en sí y no duplica la diégesis). Después de los planos del archivo documental mencionado, intervenido por Fontán, aparece una imagen (en fundidos encadenados) que estalla (visual y sonoramente) como si fuera una bomba nuclear detonada (el modo hongo *on*), es decir que a nivel formal lo que se ve se resiste a ser encasillado en un formato genérico preciso (hay inclasificabilidad) y se aleja de un realismo sensorial. Y de ahí, a continuación, también a través de fundidos, se perciben ciertos destellos o fosforescencias que emiten los irupés (en fuera de foco) en aguas ya mansas. Todas imágenes surcadas por muy pocas palabras (no digo por pocas voces). Colores, luminosidades, camalotes, toda clase de seres flotantes: la cámara se demora tanto en esos infinitos pobladores del inmenso río (da lo mismo que sea el río Paraná o el Gualeguay), como en las texturas: las ondulaciones del agua, los raros dibujos de los troncos y las ramas; se demora, en definitiva, en las reverberaciones de lo viviente.

Lo que unifica ambos trabajos, el de Fontán y el de Ortiz, es entonces la contemplación o percepción deslumbrada "ante la proliferación enigmática de materia que llamamos mundo" (Saer 13) o también, para decirlo de otro modo, la asombrada celebración de la unidad de lo viviente. Lo que ambos nos dicen es que para educar nuestra percepción hay que observar. Por ende, la mentada expresión "florcitas salvajes" de Ortiz contiene oximorónicamente lo que quizá habite en toda contemplación: candor y ferocidad. Y en este filme Fontán hace aparecer esas "florcitas" y con ellas da lugar a un *plus* con el que recuperamos la capacidad de asombro (y gozo) propia de la mirada infantil.[9] Y no sólo tal capacidad sino también la atención que prestan un niño o una niña, o ¿acaso hay atención comparable a la de un niño o niña mientras juegan?

¿Qué es entonces lo que nos ofrece Fontán desde *La orilla que se abisma*? O, mejor dicho: ¿qué hacemos los espectadores con eso que se nos ofrece? Las operaciones que pone en juego Fontán multiplican las posibilidades de mirada; crean una verdadera experiencia visual (y sonora). *La orilla que se abisma* se dirige a una búsqueda de experiencia entre los sentidos y la materia. Su *modus operandi* consiste en desactivar la trama y sostener el plano para activar el diálogo entre imágenes y espectador en función de que este busque, observe, contemple, se detenga en aquello a lo que es sensible, lo *palpe*. Se trata más que de un ofrecimiento, de una exigencia, lo filmado o la forma de lo filmado exige algo de nosotros.

Si hay algo que el poeta Ortiz y el cineasta Fontán conquistan es la experiencia fusionadora ante el insistente proceso de separación que inviste cada cosa, cada lugar, cada actividad humana, sin que haya nada que separar al decir de Giorgio Agamben en su ensayo "Elogio de la profanación". Con esto me refiero a que "el capitalismo generaliza y absolutiza en cada ámbito la estructura de la separación que define la religión" (Agamben 106) que transfiere todo a una esfera de lo intocable. "[El término Museo] nombra simplemente la exposición de la imposibilidad de usar, de habitar, de hacer experiencia" (110), precisamente porque "[l]a imposibilidad de usar tiene su lugar tópico en el Museo" y "[l]a separación se hace también y sobre todo en la esfera del cuerpo" (112). En su ensayo, Agamben se dedica a abrir relaciones comunes

---

9. La lectura de un breve pero bello texto de David Oubiña suscitó lo que sostengo aquí, "Sobre Gustavo Fontán" (2012).

entre las ideas de "usar" y "profanar". Para eso, parte de una discusión de la etimología de *religio*. Vale citar al pensador italiano:

> El término *religio* no deriva, según una etimología tan insípida como inexacta, de *religare* (lo que liga y une lo humano y lo divino), sino de *relegere*, que indica la actitud de escrúpulo y de atención que debe imprimirse a las relaciones con los dioses, la inquieta vacilación (el "releer" ["rileggere"]) ante las formas—las fórmulas—que es preciso observar para respetar la separación entre lo sagrado y lo profano. *Religio* no es lo que une a los hombres y a los dioses, sino lo que vela para mantenerlos separados, distintos unos de otros. (99)

Agamben propone entonces el contacto como una forma primera de profanación: "Hay un contagio profano, un tocar que desencanta y devuelve al uso aquello que lo sagrado había separado y petrificado" (99). "La profanación de lo improfanable es la tarea política de la generación que viene" (119), sintetiza. Y profanar significa darles un nuevo uso a las separaciones (ya canceladas o apagadas) para destrabarlas como tales, dar(les)/hacer(les) lugar para un-uso-otro-posible o aprender a jugar con ellas. Profanar sería en primera instancia desactivar los dispositivos del poder y "[restituir] al uso común los espacios que el poder había confiscado" (102). Pero el acto de profanar en el caso que nos ocupa puede observarse también al producir una diferencia a partir del descentramiento de los formatos oficiales o hegemónicos; el filme no apunta a un formato genérico unívoco (un documental); se desvincula de toda preceptiva e impulsa así la des-domesticación de la percepción. Mirar esta película— esta película en particular—es asistir al trastocamiento de la percepción, para poder mirar de otro modo.

La experiencia estética que brinda *La orilla que se abisma* es la de una contemplación activa. Como la poesía de Ortiz, nos encauza—nos acerca—hacia la unión con las criaturas y las cosas (hay con*tacto*), y nos transporta hacia allí para que participemos de la *gracia* (no en el sentido religioso, sino entendida como *comunión* con el mundo), para que se produzca la fusión del sujeto y el mundo, consumada en el éxtasis del mirar. Es en este sentido, como sostuve al principio, que este filme propone habitar este mundo, propone la posibilidad de hacer experiencia dado que, parafraseando a Retamoso, mirar es el acto reflexivo a través del cual vemos duplicadamente el abismarse de las cosas y el mundo: el abismarse de la orilla y el de nuestra mirada que intenta aprehenderla mediante la contemplación (Retamoso, "*La orilla que se abisma*"; Retamoso y Piccoli, "Juanele").

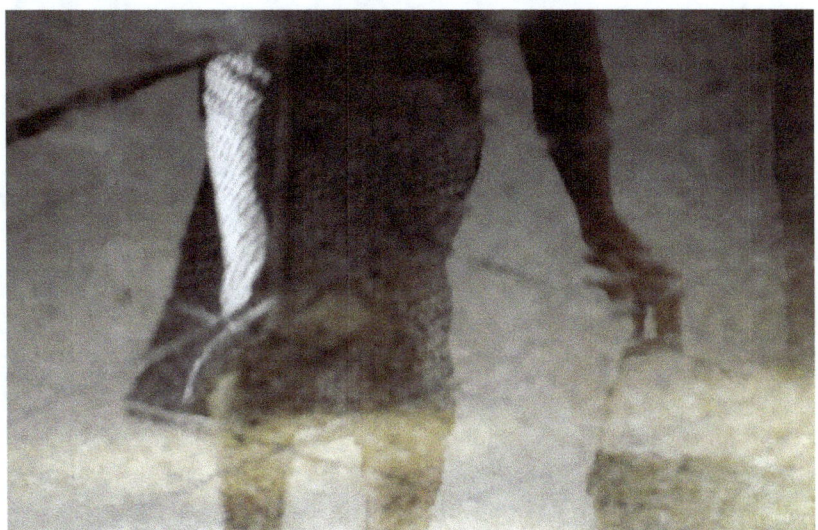

Figura 1.3. Fotograma de *La casa*.

Se podría afirmar que la poesía y el cine cercano a ella son formas de condensación del tiempo, formas de lo insinuante y de un "estado febriciente de la sensibilidad". Teniendo en cuenta lo expresado, me serviré del filme *La casa* (2012) para observar cómo se forja lo poético cinematográfico sin tener como referente directo a un poeta.

Estamos dentro de una casa de barrio (la del cineasta, casa natal, familiar, centenaria). En un principio vemos una jarrita sobre la hornalla en la que se ve la leche hirviendo rebalsándose con su espuma burbujeante; los pies de una niña que esquiva los hilos de luz del sol sobre el piso; los reflejos del agua que alguien va derramando sobre las baldosas; una ventana sucia que deja ver ramas secas; una reunión familiar, de otro tiempo, presumiblemente un cumpleaños, con sus rumores y voces superpuestas apenas audibles; el deambular de algunas sombras que supieron habitar el lugar, cuerpos fugaces ligeramente fuera de foco. Luego, en un segundo momento, asistimos al proceso de vaciamiento, desmantelamiento y posterior destrucción de la casa. Observamos cómo se descuajan postigos y goznes, persianas y ventanas; se retiran maderas, hierros, chapas, tablas; es decir, se recoge lo reciclable, lo que en su desguace mismo se convierte en mercancía. De los destellos de ciertos detalles (lo que habitaba la casa, lo material y lo inmaterial) a la melancolía del vacío y la fuga hacia lo viviente: en el último plano un árbol frondoso queda allí como testigo, un árbol cuyo contraplano es la cámara misma.

La casa aparece como un animal herido sumergido en una especie de abismo acuático (el polvo fino otorga esa atmósfera hídrica), un animal quejándose con un alarido que lo traspasa: se escuchan el viento y hojitas arrastrándose, el gotear insistente de la lluvia sobre unas latas o chapas, los goznes de las ventanas, algunos murmullos, una cajita musical. Sonidos todos ellos que parecieran conjugarse como si fueran las voces de la casa, como si toda ella con su voz propia, hipnótica, fuera el clamor de los ausentes y, a la vez, entonara desgarrada el presagio de su propio fin. Y este alarido—esta herida de muerte—cesa cuando el estruendoso ruido de la destrucción se inicia con sus certeros mazazos, palas mecánicas, topadoras que derriban con precisión techos y paredes, y camiones que levantan los despojos y se los llevan.

Del protocolo de destrucción se nos conduce inmediatamente en leve contrapicado, como ya anticipé antes, al último plano fijo de un árbol frondoso. Al ser intervenido durante unos cuantos minutos por nuestra mirada, en su movimiento acompasado, mecido por la brisa, el árbol se va transformando también en una suerte de animal, ramas que se vuelven garras, hojas que se vuelven pezuñas. El árbol entonces deviene animal; un árbol que ha sido expandido por lo que le agrega la mirada en su contemplación duradera mientras se olvida que es un árbol. Como ya sostuve, el detenimiento impone un "distanciamiento analítico" (Oubiña, *Una juguetería* 115): la intervención sobre la temporalidad da lugar a la función poética de la imagen al producir otros sentidos más allá del árbol como tal. Por eso, cuando el árbol "regresa" como árbol regresa expandido.[10] ¿Pero qué nos dice este árbol-animal? Sobre esto volveré al final.

Fontán trabaja con la contraposición de dos dimensiones sucesivas de la casa: por un lado, la fantasmal: allí están en suave desenfoque las memorias espectrales yuxtapuestas de quienes la transitaron: niños, jóvenes, ancianos; viejas y nuevas familias. Por el otro, la procedimental que exhibe ese protocolo de desmantelamiento y destrucción de la casa, y con él el arrasamiento de un espacio con una forma de vida: casas levantadas con la conciencia de una continuidad familiar, generaciones y generaciones que prolongaban una herencia material pero sobre todo de conocimiento y afectiva. Lo que entendemos (o notamos) es que la casa no está hecha sólo de materiales concretos:

---

10. Chantal Akerman explica muy bien esto (cit. en David Oubiña, *Una juguetería*). Véase mi introducción.

hierro, cemento, madera, ladrillos, vidrios, cables, caños, azulejos, sino que es precisamente un cuerpo viviente dibujado con recuerdos, con las marcas dejadas por quienes la poblaron; cuerpo labrado por experiencias y tramas amorosas, por tránsitos de etapas. Un reservorio de la memoria en objetos y palabras que quedan, de un modo u otro, grabados en las paredes como si fueran partituras, como si habitaran en los cielorrasos, las hendijas, los zócalos. Y en esta bidimensionalidad contrapuesta se expone que la materia no es inerte o pasiva; en ella se había esculpido la historia afectiva que acaba deshaciéndose para constituirse sólo en escombro.

Por una parte, Fontán opera con una gran economía de recursos: sin actores (una mujer sentada que fuma; sombras fugaces de otras figuras), ni palabras, ni mucho menos diálogos (sólo algunos murmullos o susurros indescifrables). Cine silente; de ninguna manera "mudo" porque el cine de Fontán nos habla y de muchos modos. Filma gran parte de *La casa* con un espejo astillado puesto sobre el lente de la cámara (todo, entonces, como efecto de ésta) para ver lo conocido desde otro lugar a partir de la distorsión espacial. No hablo de fundidos encadenados, hablo de la distorsión y fragmentación superpuesta como efecto de la colocación de ese espejo quebrado sobre el lente. Recortes (y efectos) poéticos que producen una superposición de espacios e iridiscencias, la mayoría de las veces sin que podamos precisar cuáles son los bordes, formas o límites de los objetos y los cuerpos que pasan. La cámara se convierte en una suerte de ojo ciclópeo de la casa y desde adentro efectúa inventario de los mazazos sobre techos y paredes. Lo poético se manifiesta en esa bruma polvorienta, en el suave fuera de foco de esos cuerpos espectrales que todavía atraviesan la casa, y en el trabajo con la luz. El rodaje completo del filme duró dos años para dar cuenta precisamente de las variaciones de la luz. Filmar en etapas para respetar la luminosidad de cada hora, cada estación, atardeceres, noches. La luz determinaba la escena, es decir que la escena se pensaba en función del momento del día o de acuerdo con la lluvia o la densidad de la luz solar. El estudio del paso del tiempo era un estudio de la relación entre ella y los lugares de la casa que permitían su ingreso. Un gran respeto por los tiempos del tiempo. Lo que se produce entonces es un corrimiento del naturalismo hacia una atmósfera de cuartos vacíos atravesados de partículas de polvo que difuminan la imagen. Búsqueda abstracta a partir de unas escenas que van transformándose en un mismo plano. La cámara va topándose con los objetos, los vacíos, los espectros, con la experiencia tallada en la materia, y los atraviesa. Fluye en su percibir: la cámara como cuerpo lleno de sensaciones. Gamberini

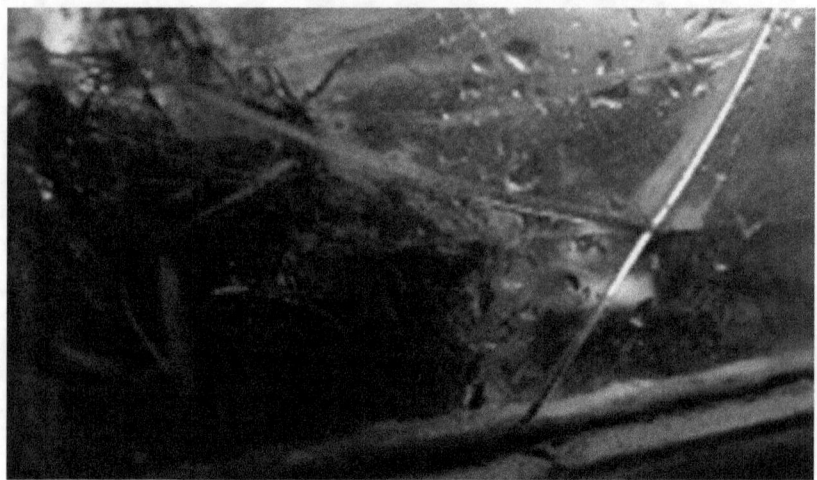

Figura 1.4. Fotograma de *La casa*.

lo observa bien: "[El cine de Fontán], filosóficamente, instaura una sucesión que no es la del tiempo cronológico, sino *la de la percepción*, entendida como aquello que nos acerca y nos distancia de lo real" ("La espesa selva de lo real" s/p; énfasis mío).

Fontán interviene cinematográficamente los géneros literarios, pero sobre todo interviene literariamente la imagen cinematográfica.[11] En *La casa* el espectador se ve desafiado ya desde los títulos iniciales cuando el filme se auto-clasifica de "documental". Como sostiene Cinelli: "Las películas de Fontán afirman ser menos de lo que son" ("Como una bitácora de la demolición" s/p). El carácter lírico de este filme de Fontán radica en que transita por el territorio de lo real en un espacio doméstico y personal: la casa que destruyen es la familiar, la que vio transcurrir varias generaciones; y es precisamente ese espacio doméstico ya desmantelado en donde permanece la cámara. Aparece entonces la dimensión afectiva como lógica articulante de lo que vemos; es más: esa dimensión se establece entre espectador y película a partir de lo subjetivo, a partir de la relevancia adjudicada a un evento experimentado vivencialmente.

---

11. Interviene cinematográficamente tanto poesía (entre otros poetas: Fijman, Calvetti, Ortiz) como narrativa. Con *El limonero real* (2016) incursiona en la narrativa de Juan José Saer (texto homónimo de 1974). Véase el capítulo III. Su proyecto actual es encargarse de trabajar con *Nadie nada nunca* (1980), también de Juan José Saer.

Lo subjetivo se encuentra en la exhibición de un mundo particular atravesado por esa trama afectiva que surge del registro del encuentro entre quien filma y aquello que es filmado.

No obstante lo dicho hasta aquí, *La casa* es un intento de explorar y exhibir líricamente, al unísono, todas las memorias que la habitaron pero también el derrumbe de sus techos, previa extracción de sus materiales reciclables, vendibles. Vivimos en un sistema en el que, como nos decía el Marx de los *Grundisse*: el hombre es apenas un medio, y el fin es la reproducción de la ganancia. Lo de la destrucción no lo afirmo sólo por la casa dado que ya tenemos, parafraseando a Sloterdijk (cit. en Speranza, *Atlas portátil* 134), la prueba de la destrucción *real* de tantas cosas y la prueba de la *destructibilidad de todo*. A propósito, en *Pig Earth* (1979) John Berger sostenía:

> El papel histórico del capitalismo es destruir la historia, cortar todo vínculo con el pasado y orientar todos los esfuerzos y toda la imaginación hacia lo que está a punto de ocurrir. El capital sólo puede existir como tal si está continuamente reproduciéndose: su realidad presente depende de su satisfacción futura. Esta es la metáfora del capital. (213)[12]

Se cambia el paisaje urbano: donde había casa ahora hay cimientos para erigir una torre; donde había una sección barrial, un *shopping mall*. Para eso demuelen las casas. El capital ignora la luz filtrada por las ventanas; desconoce los fantasmas inasibles de la memoria de una casa, no sabe de recovecos o gestos tiernos; el capital sólo recupera aquello que sabe puede vender y desecha o prescinde de todo lo demás, es decir: de lo que no puede trocar en mercancía. Podría decirse que asistimos así a la reversión de la máxima benjamineana de "no existe documento de cultura que no sea a la vez documento de barbarie...": hoy, todo documento de barbarie es documento de lo civilizatorio desmantelado, negado. El derrumbe en *La casa*, como sostuve anteriormente, viene a cortar un hilo histórico, el de la continuidad familiar, el de una herencia material y el de la transmisión de conocimientos contenidos en

---

12. "[T]here is the historic role of capitalism itself, a role unforseen by Adam Smith or Marx: its historic role is to destroy history, to sever every link with the past and to orientate all effort and imagination to that which is about to occur. Capital can only exist as such if it continually reproduces itself; its present reality is dependent upon its future fulfilment". La traducción al castellano fue aportada por Gustavo Fontán.

un solo lugar. El derrumbe pulveriza recovecos, fantasmas, historias. O para decirlo en palabras de Didi-Huberman: "Del mismo modo que cada objeto de cultura debe ser pensado en su bifurcación como 'objeto de barbarie', cada progreso histórico deberá ser pensado en su bifurcación como 'catástrofe'" (cit. en Hernández Cuevas, "Anacronismo ético" s/p).

Es oportuno reparar en que, aunque en referencia al documental, Comolli advertía la pertinencia del cine como "archivo de lo viviente amenazado [...] [porque] su rol consiste en registrar, antes de la destrucción o durante la destrucción, lo que está siendo destruido para conservar sus rastros y su memoria" ("El cine medida del mundo" s/p). El cine filma el "descalabro del mundo que ocurre por doquier" y al hacerlo se convierte en una "acusación contra el programa de destrucción en curso". Según el crítico y realizador francés el cine es un testigo privilegiado de la figura humana y de la forma particular en la que el ser humano habita el mundo, y este es un vínculo fundamental.

Derrida afirmaba que el ejercicio de la responsabilidad (como artistas) se mide, entre otras posibilidades, por su herejía: "No hay responsabilidad sin una ruptura disidente e inventiva respecto de la tradición, la autoridad, la ortodoxia, la regla o la doctrina" (27) y esta posición, en sí misma, puede tornarse poética, tal cual lo expone Fontán, al desestabilizar un régimen hegemónico de visibilidad. En definitiva, suscita un encuentro sensible y afectivo con el mundo (y sus despojos), por lo cual hay que reconocer que resulta potente dejarse afectar por lo que sus imágenes producen. Quizá lo poético cinematográfico no deje de ser una maniobra o modalidad para procurar preservar "lo viviente amenazado". En efecto, Fontán se toma su tiempo para filmar los vacíos y los espectros que todavía siguen hablándonos sin cesar. Tiene cuidado con lo que permanece vivo en este mundo en el que habitamos. "Cuidado" no en el sentido de ser precavido, sino en el de custodiar y preservar. Él mismo parece un sobreviviente que cree en la posibilidad de crear un espectador crítico tanto del cine que ve como de las prácticas que este visibiliza. Con justeza podría calificarse a Fontán de "pedagogo de la percepción". *La orilla que se abisma* y *La casa* nos enseñan a mirar, a entrever, a escuchar. Pero también quizá—y por esto mismo—su cine sea como ese árbol-animal (que mencioné con anterioridad a propósito del último plano de *La casa*) porque las imágenes cinematográficas se convierten también en una suerte de sobreviviente dado que ahí *quedan* para fijar lo que ya *no queda*, para hacer posible que el polvo o las cenizas o las esquirlas de la destrucción no nos cubran.

CAPÍTULO II

El tiempo de las cosas. Las cosas en el tiempo.

(Sobre *El árbol* y *Elegía de abril*)

¿Hay entre los árboles una dicha pálida,
final, apenas verde, que es un pensamiento
ya, pensamiento fluido de los árboles,
luz pensada por estos en el anochecer?
Juan L. Ortiz, *El alba sube*, 1933

Si el hombre no fuese efímero como el rocío sobre las tumbas de Adashino,
si nunca se esfumase como el humo sobre el cementerio de Toribeyama,
y existiese por siempre en el mundo,
qué rápido perderían las cosas su poder de conmovernos.
Yoshida *Kenkō* (兼好, 1283–1350)[1]

La referencia es real—ahí aparece el aspecto documental—,
pero no importa como tal, porque la mirada es ficcional.
Gustavo Fontán

CADA UNO DE LOS siguientes films—*El árbol* (2006), *Elegía de abril* (2010) y *La casa* (2012)—se atreve a indagar en cómo y qué es hacer cine, de qué recursos formales apropiarse o cuáles inventar. Como bien señala Osmar Gonçalves dos Reis Filho en *Narrativas sensoriais: ensaios sobre cinema e arte contemporânea*:

---

1. Traducción del japonés aportada por Pablo Maurette (*Por qué nos creemos los cuentos* 227).

En el escenario contemporáneo [hay obras que] apostando por la sobriedad y el rigor descriptivo, [...] nos presentan pequeños bloques de espacio-tiempo, pequeños segmentos de imágenes arrancadas al fluir de la vida, algo así como *flashs* o destellos de belleza, efímeras celebraciones de gestos, movimientos y sensaciones. *Es como si el cine volviera a empezar, es como si redescubriera su vocación original de mostrarnos cosas, de investir seres y mirar la vida.* (14; mi énfasis)

En este sentido, el investigador brasileño nos recuerda lo que Jonas Mekas propone y propicia en todo su cine, especialmente *As I Was Moving Ahead Occasionally I Saw Brief Glimpses of Beauty (En el camino, de cuando en cuando, vislumbré breves momentos de belleza, 2000)*: "Nada de extraordinario, nada de especial; apenas cosas que todos nosotros vivimos a lo largo de nuestras vidas" (Gonçalves dos Reis Filho 11). Es decir, Mekas plantea una búsqueda vinculada con hallar la intensidad máxima (la intensidad viviente) que nos depara lo microscópico de la experiencia humana; con extraer de esta experiencia (fundamentalmente de lo doméstico y cotidiano) algo del orden de lo poético: "[un] retorno a lo abierto y al mundo" (11). Fontán entronca con este modo de entender las imágenes visuales y sonoras; lo que filma se encuentra por fuera de los grandes relatos, por fuera de lo épico grandilocuente. Es un realizador audaz que sabe correr riesgos. Intentaré, en el presente capítulo, dar cuenta de esta audacia y de los riesgos a los que se anima.

El árbol, Elegía de abril y *La casa* componen la trilogía del "Ciclo de la casa" que exhibe un recorrido que va desde el diálogo que mantienen los padres del cineasta (habitantes de esa casa) sobre si una de las acacias de la vereda está muerta o viva hasta la demolición total de esa vivienda pasando (en *Elegía*) por sus ambientes poblados por fantasmas materiales (están allí pero son inasibles, evasivos), por memorias de pasados posibles, y por huellas y objetos que nos interpelan. El ciclo se vincula con un tratamiento específico (una mirada) hacia la materia(lidad) real y con un movimiento interno que se dirige hacia la desaparición física. *El árbol* contiene una mínima unidad narrativa (¿qué hacer con la acacia?); *Elegía*, en cambio, si bien también entraña una voluntad narrativa ínfima (¿qué hacer con los libros de poemas de Salvador Merlino en particular y con los recuerdos en general?), se encauza hacia una fuga de objetos y figuras para culminar el ciclo con una explosión de lo perceptivo en *La casa*, el más radical de los tres films. Los unifica un desvelo por el mundo sensible que es escrutado de manera atenta y amorosa, un abandonarse a una experiencia sensitiva; lo cotidiano se muestra en sus pequeños prodigios de luces, sombras, colores, presencias, susurros.

El árbol

Despejar la anécdota de *El árbol* (2006) no resulta tarea trabajosa dado que es mínima: la disputa intermitente (un pequeño conflicto) que mantiene un matrimonio ya mayor, Julio y María, sobre podar o no una de las acacias (¿está seca?), que había sido plantada en la vereda de su casa en Banfield, barrio de clase media del sur bonaerense, al nacer su hijo Gustavo.[2] La discusión sobre si talar o no el árbol nunca se produce de forma directa; es un intercambio en *over*. Ella, pragmática, dice que está seco, lleno de babosas y que hay que arrancarlo; él, idealista, sostiene resistiéndose que no quiere tocarlo, que no sabe. Caer o renacer: esa es la cuestión. La frondosidad de una de las acacias en el período estival no permite ver la desnudez de la otra. Ramas y hojas se entrelazan como si fueran un único árbol. Julio, insistente (sospecha que quizás un rebrote sea posible), riega con fertilizantes la sequedad del tronco carcomido por hormigas. María y Julio conversan sobre un "fondo" de imágenes que despliegan luminosidades entre las hojas de las plantas del jardín trasero, el empeño laborioso de las abejas en un panal, la lluvia que vuelve el verdor más brillante, el frente de la casa con sus dos acacias vista en leve contrapicado, unas hojas cuyo amarillo denota la llegada de clima otoñal, el vidrio de una ventana en la que las gotas de lluvia golpean y dejan sus marcas de formas abstractas.[3] Finalmente, el tronco sin necesidad de derribarlo, sin poder exhibir la gracia de sus ramas verdecidas, se va a apoyar o derrumbar, marchito,

---

2. Es la misma casa (demolida) del film *La casa*. Véase el capítulo I. El barrio (Banfield) de la trilogía, cualitativamente hablando, no tiene peso específico en las realizaciones de Fontán; su patria no es geográfico-barrial; su patria es cinematográfica. En este sentido estoy de acuerdo con lo que postula Diego Maté en "Dossier Fontán—*El árbol*" (2012).

3. *El árbol* hizo su debut en el BAFICI y a partir de ese estreno se sucedieron numerosas invitaciones a festivales. Muchos de ellos extendieron esa invitación encuadrando el film como *documental* y otros, como *ficción*. Resulta claro que los jurados no saben con exactitud cómo calificar esa materia audiovisual no permeable a clasificaciones claras, precisas, hegemónicas.

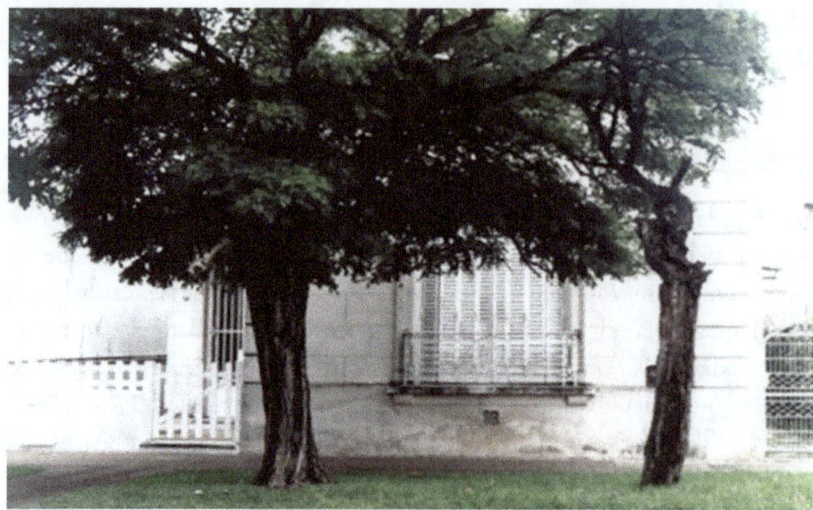

Figura 2.1. Fotograma de *El árbol*.

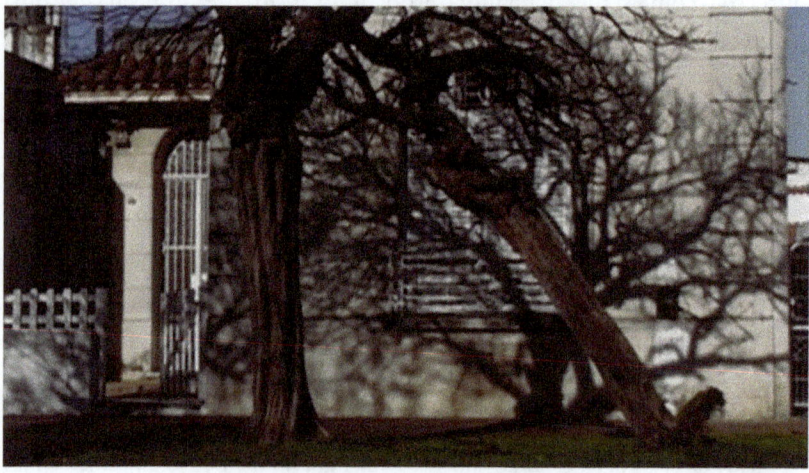

Figura 2.2. Fotograma de *El árbol*.

desprendido de sus raíces, sobre el otro. Luego, escucharemos el bello crepitar del fuego en el que arden el tronco, las ramas y los restos de la acacia devenida leña que Julio mismo junta, corta y enciende. Los momentos del árbol—los momentos de *este* árbol—son algunas de las formas que toma el tiempo: vida, ruina y ceniza.

Según Robert Bresson hay que "rodar de improviso, con modelos desconocidos, en lugares imprevistos *capaces de mantenerme en un estado de alerta*"

(s/p; la cursiva es mía). Lo que logra Fontán mediante el diálogo entre ancianos, una casa centenaria y su cotidianidad (la de ellos habitándola) es efectivamente mantenernos en estado de alerta. Es que, al decir de Roger Koza, *"El
árbol* pertenece a una tradición cinematográfica en la que la contemplación
es un método de trabajo por el cual a partir de lo que es visible pero no se
ve del todo se encuentra la hermosura física del mundo" ("El plano que se
abisma" s/p). Fontán crea una imagen visual y sonora para inventariar no *el*
tiempo sino *un* tiempo: el de ese matrimonio casi anciano, el de su casa y sus
objetos, el de las hojas de unos árboles y plantas, el de la luz. Gilles Deleuze
establece una distinción entre el ojo-óptico (pragmático) y el ojo vidente: la
banalidad cotidiana puede ofrecer una belleza inagotable (si miramos con
ojos de vidente). "Cuando [somos] videntes, el maravilloso espectáculo del
mundo es el de la banalidad cotidiana" (Deleuze, *Cine III* 345). Los ojos de
vidente de Fontán espían el tiempo "[...] y la mutación de los seres vivos en
su duración" (Koza, "Mes FICUNAM 2014 (07): El plano que se abisma.
El cine de Gustavo Fontán" s/p). Y a través de esos ojos asistimos a la meditación sobre el habitar, lo cual expone la idea de "[...] develar una relación
estructural entre el tiempo y el ser" (Koza s/p). La anécdota es mínima, pero
es el acontecer el que mostrándose prolífico, descomunal, múltiple (gestos,
actitudes, movimientos de hojas, plantas, árboles, abejas, babosas, hormigas,
lluvias torrenciales, vientos, sonidos indeterminados; hojas secas que se ba-
rren, niños que se ponen una máscara y ríen, reuniones familiares, un reloj de
péndulo y su vaivén, sueños que se relatan) tiene un silencio detrás que acecha.
Su presencia se sospecha sordamente en nuestros cuerpos. Fontán sabe que
imaginar (qué y cómo mostrar ese acontecer) es poner en juego intensidades.
Diego Maté asegura que "las cosas cotidianas y conocidas por todos aparecen
vistas a través de un lente que, en su acercamiento, en su atención obsesiva,
deforma, recupera para el cine una opacidad más bien propia de la poesía"
("Dossier Fontán. *El árbol*" s/p). La experiencia sensorial está colmada de
revelaciones (una forma, un color, una textura, elementos primordiales).
Fontán es un poeta de la observación de la materia orgánica e inorgánica,
de luces, de sombras, de destellos (un captar la fluidez de lo viviente), pero
también un pintor poseído por el color (sobre todo por los verdes casi fosforescentes de algunas de las plantas del jardín de la casa) que exhibe palmaria-
mente una capacidad pictórica. Cine que ya es un *cine otro*: acuarelas, suspiros,
susurros, fantasmas que circulan por el entorno, imágenes empañadas.

"El ojo en vela [...]/el que se rebela y revela" aseveraba Rafael Alberti en su
poema "Los ojos de Picasso" (1966) al referirse a la modalidad de trabajo del

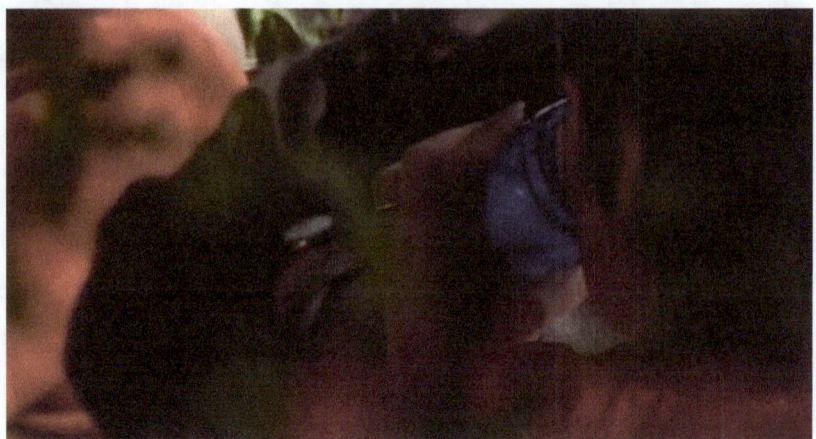

Figura 2.3. Fotograma de *El árbol*.

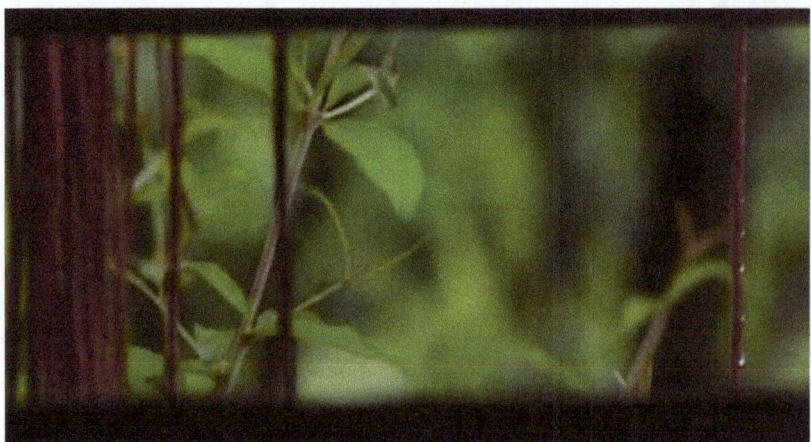

Figura 2.4. Fotograma de *El árbol*.

malagueño, y Federico Fellini señalaba que "el cine es pintura antes que literatura o teatro. Se trata de objetos y cómo las luces caen en ellos" ("Fellini, el
mentiroso contador de historias" s/p). Deleuze, en relación con la pintura,
sostenía "la vista háptica [como] la vista cercana que capta la forma y el fondo
sobre el mismo plano, igualmente cercano" (*Pintura* 205). Y en *Francis Bacon.
Lógica de la sensación*, el filósofo francés afirmaba sobre el pintor inglés que
"la propia vista descubre en sí una función de tacto que le es propia, que no le
pertenece más que a ella, distinta de su función óptica. Se diría entonces que
el pintor pinta con sus ojos, pero solamente en tanto que *toca* con los ojos"

(158). Cuando en un filme el origen de los sonidos permanece indeterminado también se puede hablar de un sonido háptico. *El árbol* carece de grandes planos generales e incluso de planos generales, excepto los fijos de la casa con sus dos acacias y también cuando la que está reseca se recuesta, con sus raíces al aire, en su movimiento último y final, sobre la otra. La porosidad del cine se pone en evidencia en el perseverante trabajo de Fontán; las contaminaciones y préstamos entre distintas prácticas significantes son, de un modo u otro, siempre proteicas. La noción de *intermedialidad* se vuelve útil aquí como espacio de diálogo entre tales prácticas y los medios tecnológicos o digitales.[4] Al respecto, Osmar Gonçalves dos Reis Filho dice:

> [...] en un momento marcado como nunca por la disolución de las fronteras, por intensas migraciones entre los campos del cine, de la fotografía y de las artes plásticas, vemos nacer una serie de obras desconcertantes e inclasificables, *obras sin lugar*, diríamos, que parecen poner en movimiento un pensamiento oblicuo y transversal, modos de sentir y pensar que se producen en el cruce, en la contaminación entre diversas artes y lenguajes. (10; mí énfasis)

El árbol es un filme de visión *háptica*, entendida no como ejercicio óptico (visión distante o relativamente distante), sino como un ejercicio cercano.[5]

---

4. Lo intermedial siempre implica, en los hechos de arte, un proceso de territorializaciones y desterritorializaciones que reconfigura espacios y tiempos. Ruth Cubillo Paniagua define *intermedialidad* "como referencialidad a otros medios, por ejemplo, las referencias en un texto literario a una película o viceversa, o bien la evocación de ciertas técnicas cinematográficas en la literatura (el *zoom*, los fundidos, los encadenados, el montaje o la edición). Otros ejemplos podrían ser la llamada musicalización de la literatura, la *ekfrasis*, las referencias a la pintura [...] o bien en la pintura a la fotografía, y así sucesivamente. En esta categoría, en lugar de combinar diferentes formas mediales de articulación, un medio dado evoca, tematiza o imita elementos o estructuras de otro medio convencional" ("La intermedialidad en el siglo XXI" s/p). Véase asimismo a Rajewski ("Intermediality, Intertextuality, and Remediation" 44 y ss).

5. Lo *háptico* remite a un contacto *mutuo* entre espectador y "ambiente"; remite, asimismo, a "la capacidad del cuerpo de sentir su propio movimiento en el espacio" (Bruno, *Atlas of Emotion* 6). Según Laura Marks la *mirada háptica* suscita un acariciar la superficie de la imagen.

Planos medios, primeros planos, planos detalle lo surcan para suscitar esa cercanía. Gerardo Yoel apunta que "lo que es grande no es la imagen, decía Jean-Luc Godard, sino la emoción que esta provoca. Lo que se podría plantear es que existen imágenes que se han convertido en funcionales a un cierre, siempre desde una lógica narrativa, y otras que navegan en su propia *labilidad*" ("La imagen madre" 264; la cursiva es mía). Pero también, en este caso, hay un tratamiento hacia la materia filmada que, si bien recorre todo el cine de Fontán, aquí se exhibe con una peculiaridad conmovedora que es lo afectivo: la intimidad de su propia casa familiar en la que habitaron generaciones, los rostros y andares de sus progenitores, los árboles, las plantas, las ramas, el agua que corre suave entre las baldosas baldeadas, los insectos y su trajinar, un encuentro familiar, unos niños riéndose mientras juegan, una valijita armada para un viaje breve, los mocasines que se calza Julio con sus dedos algo ya deformados; en otras palabras, todas esas pequeñas escenas con las cuales están tejidas nuestras vidas para que podamos sobrevivir reciben un tratamiento amoroso. Una mirada atenta, solícita, que acaricia todo con pudoroso respeto, y que nos habilita a los espectadores a abrir la percepción hacia otras zonas.

Desde la historia del arte y la estética de los afectos, Simon O'Sullivan considera que estos últimos son "lo que constituyen la vida y el arte" dado que "el arte mismo está hecho de afectos" (126).[6] El campo de lo emocional entendido en su capacidad transformadora; los afectos como "momentos de *intensidad*" (126; énfasis en el original). Por su parte, Lauren Berlant, figura central junto a Eve Kosofsky Sedgwick en crear un nuevo campo de estudio conocido, precisamente, como "teoría de los afectos", entiende lo afectivo como "[...] receptividad activa del cuerpo a la *intensidad* del tiempo presente" (845–46; la cursiva es mía). El énfasis se instala en el cuerpo y en su disposición a "afectar y ser afectado" (Deleuze desde Spinoza).[7] El afecto forma parte de las "intensidades no discursivas" que pueden producir cambios de subjetividad (a gran escala y/o a escala molecular), de acuerdo con Félix Guattari (*Caósmosis* 35).[8] Aquí, con Fontán, nos encontramos frente a un cine que dota a los cuerpos de energía; es decir que la obra de arte genera un *plus*

---

6. Véase esta misma referencia en capítulo I.

7. Baruj Spinoza sostiene que "los pensamientos se encadenan en el alma según el mismo orden que las afecciones del cuerpo" (*Ética,* V, 1; cit. en Aguirre s/p).

8. Guattari fue uno de los primeros pensadores en otorgarle al factor afectivo un reconocimiento fundamental vinculado con el estudio de la subjetividad.

que es del orden de lo afectivo. Recordemos lo ya dicho: los girasoles *desbordan* al ser contemplados en un cuadro de Van Gogh a diferencia de verlos en un escenario campestre. El cuerpo reacciona afectivamente ante ese desborde. "Somos espectadores involucrados con lo que vemos porque lo que vemos nos afecta, pero también porque nuestra mirada afecta la obra al construir su[s] sentido[s]" ("¿Por qué nos creemos los cuentos?" s/p), afirma Pablo Maurette. *El árbol*, como bellamente sostiene Juan Villegas, "[...] sabe detenerse ante el silencio. Dejar ver y oír el mundo, como en el crepitar final de las llamas que se elevan del viejo tronco: madera, aire, fuego, tierra, agua, como descubiertas por el cine" ("Bueno, bonito y barato" 15). Junto con la contingencia y la transitoriedad, el núcleo organizador fundamental es la finitud (de una acacia, de seres amados que ya no están, del cuerpo en su proceso de decrepitud) trabajado sin estridencias, desde el pudor. Hay un orden de las cosas y de lo acontecimental del que no se puede abjurar, pero lo que sí se puede es indagarlo o explorarlo estéticamente. María y Julio ven viejas diapositivas con rostros que se borronean lentamente, fotos a color y algunas de color sepia. ¿No es acaso *El árbol* también un filme *con* (no *sobre*) espectros: los muertos nombrados una y otra vez por María, los de las fotografías/diapositivas que ante nuestros ojos van desvaneciéndose trémulos, y ciertas sombras desde una cámara que pareciera rozarlas y que cobran vida por nuestra presencia? Lo doméstico y lo espectral; lo espectral en lo doméstico: íntima ristra de memorias que la casa guarda celosa.

El árbol, cuyo rodaje llevó dos años en total, y su edición, un año y medio, constituye un filme reflexivo (¿de qué manera se trabaja con la imagen?). Filmar con luz natural/disponible, esperar efectos lumínicos propios de cada estación, aguardar un segundo otoño para recuperar algo faltante, pensar en los climas y atmósferas suscitados, terminar de escribirlo durante el montaje mismo, trabajar con recursos económicos limitados y un equipo mínimo (Javier Farina en sonido, Diego Poleri en cámara y Marcos Pastor en montaje) son todas condiciones que hacen a una ética, a una poética y, fundamentalmente, a una política (una forma de entender) (d)el cine. Rodar, meditar y editar y volver a meditar. Nos encontramos frente a una suerte de bitácora de investigación cinematográfica que se expone en tanto encuentro con el mundo (una documentalización de esa experiencia que huye de categorías absolutas o etiquetas genéricas tajantes). En otras palabras, el rodaje como descubrimiento.[9]

---

9. Remito a la lectura de nota al pie 3 de este mismo capítulo.

En *El yoga. Inmortalidad y libertad*, Mircea Eliade asevera que "[la] concentración en un solo punto, tiene como resultado inmediato la censura pronta y lúcida de todas las distracciones y todos los automatismos mentales que dominan y verdaderamente *forman* la consciencia [sic] profana" (Eliade 47; cit. en Monteleone s/p). Y Jorge Monteleone sostiene respecto de *Guirnaldas para un luto* del poeta argentino Hugo Padeletti (1928–2018) que "[la] contemplación poética se asimila al punto de partida de la meditación yóguica como *la concentración en un solo objeto, o en un solo punto*, en el ejercicio denominado *ekâgratâ*" (s/p; el énfasis me pertenece). No apunto a que el director argentino adscribe al budismo zen sino que fija la mirada en ciertos puntos atentamente para exhibir que lo ya conocido: un acto cotidiano u ordinario como tender una sábana tal y como se muestra en el plano de apertura de *El árbol*—ese momento supuestamente anodino de colgar la ropa mojada— se revela, en su detallado discurrir, como algo nuevo, distinto: la mano que coloca el broche sobre la sábana y que estira la tela, los movimientos ondeantes que la brisa suscita, las gotas del lavado que todavía continúan danzando con el ajetreo de la actividad misma.[10] Y, sobre todo, la fisicalidad que cobra la luz desplazándose sobre cada objeto, rostro, mano, gesto. Filmar—al igual que el acto de leer un poema—implica prestar una *atención* similar a la que presta un niño inmerso en su juego. A los espectadores Fontán nos invita a experimentar las imágenes de otro modo, como si fuéramos, precisamente, niños, no en su adormecerse nocturno ante un adulto que le lee un cuento, sino en lo diurno donde descubren la fascinación promovida por sus botitas de goma cuando al chapalear con ellas forman círculos en los charcos de agua y salpican, o advierten el jugar concentrado de un gato con un hilo o el movimiento de un pez raudo, escurridizo. Es (otra vez) de la experiencia perceptiva de la que da cuenta Fontán: como búsqueda de devolver el (o *un*) lenguaje a la constelación de la poesía y así des-fosilizarlo, des-institucionalizarlo, des-acomodarlo, alejarlo del discurso del amo. Es, en este sentido, que su cine descoloca los automatismos de la atención, produce un efecto desanestesiante: la atención intensa que prestamos frente a la manifestación de la materia bruta que nos prodiga Fontán y que es, al mismo tiempo, a través del entramado de imágenes visuales y sonoras, materia sugerente, sutil (como la poesía).[11]

---

10. Véase a Bernades, "Un poema sobre el tiempo y la muerte" (2007).

11. "*El árbol* es una *experiencia poética* y también una reivindicación de una forma lenta de vivir el paso del tiempo; una forma vinculada, en nuestra percepción,

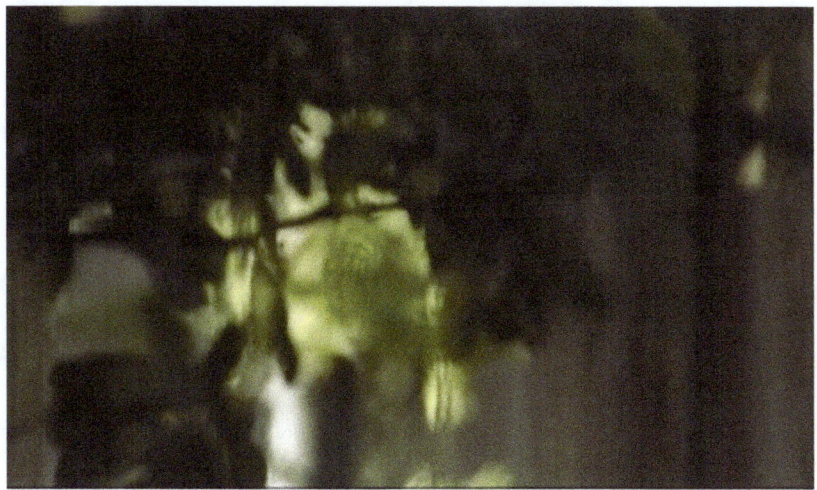

Figura 2.5. Fotograma de *El árbol.*

Ya observamos que en el final del filme *La casa* el contraplano de lo derri-
bado es lo viviente: un gran árbol exuberante que se asemeja a un animal
gigante con sus garras y pezuñas (una similitud o transformación de un árbol
intervenido por nuestra mirada detenida). Y en *El árbol,* después de ser testigos de la acacia devenida leña y ceniza, el último plano en desenfoque (una
composición pictórica) expone frondosidad de plantas y árboles, diversidad
de verdes y una luz que los atraviesa. Un verdor que se opone a la acacia seca
y derrumbada como si este plano lleno de vigor sugiriera que, pese a la decrepitud y la finitud inescapables, la vida siempre quiere perseverar en su inque-
brantable potencia de creación.

Elegía de abril

> ¿Qué lengua de poeta
> dará categoría a lo menudo,
> a las cosas vulgares, despreciables,
> esas que al parecer no dicen nada
> y llevan, sin embargo, muy adentro

---

con el pasado; es en ese sentido una crítica de nuestro tiempo" (Finkel, "Gustavo
Fontán. *El árbol*" s/p; mi énfasis).

muchedumbres de flores escondidas,
como la caja de zapatos vieja,
como las ruedas de los carreteles,
como las piezas del reloj gastado?
Salvador Merlino, *Elegía de abril*

La domesticación de la percepción
es el camino para el conservadurismo en general
y para el conservadurismo político en particular.
Lucrecia Martel

El árbol finaliza con la acacia convertida en cenizas y *Elegía de abril* (2010) comienza con un libro que surge de sus "cenizas". El libro homónimo en cuestión es un libro de poemas de Salvador Merlino (1903–1959), abuelo de Gustavo Fontán, y que debido a su fallecimiento quedaron archivados, sin llegar a distribuirse, durante cincuenta años en lo alto de un placard en paquetes amarrados con hilo sisal. Federico Fontán, el bisnieto de Merlino, se encarga de bajar esos paquetes (la tirada completa) como si fuese una exhumación, pero es un legado (un donar) que María, la hija del poeta y madre del realizador, les traspasa (lo dice) a las otras generaciones, la de su hijo y la de su nieto (otro árbol: el genealógico): ¿qué hacer con *Elegía de abril* (el libro), qué destino otorgarle? Pasada la posta, ahora es una decisión que deben tomar ellos. Mientras tanto, *Elegía de abril* (la película) pareciera formularse el mismo interrogante: ¿qué y cómo hacer? ¿Cómo continuar filmando? Los primeros cinco minutos transcurren entre los paquetes que se bajan, unos primeros planos de un gato que observa atento, el relato de María de cómo murió su padre ("de un sueño pasa a *otro*: la llamada 'muerte de los santos'", es decir: un pasaje sin sufrimiento) hasta que ella misma asevera con firmeza que no quiere actuar más, que se cansó. El rodaje pareciera paralizarse pero no es así. Es allí donde aparece parte del equipo de filmación en cuadro, incluso Fontán mismo que reparte entre ellos ejemplares del libro de su abuelo. Aparecerá también Carlos, el hermano de María, que presumiblemente vive en la misma casa y relata algunos detalles sobre la vida de su padre y, sobre todo, algunas peripecias amorosas propias o, más bien, la historia amarga de un desamor. Después entran en escena (los vemos ingresar en la casa) la actriz Adriana Aizemberg y el actor Lorenzo Quinteros quienes se ocuparán de interpretar los roles de María y Carlos. El mecanismo está ahí, a la vista; no se disimula, se muestra: es el artificio del cine. Se repite el momento en que se bajan los paquetes con los libros de poemas. "Abuela" (Aizemberg) y "nieto" (Federico Fontán) comparten nuevamente ese proceso.

Hay en juego dos cámaras: la profesional de 16mm del director y la camarita digital casera, inquieta, que maneja su hijo Federico. Al principio, el padre filma, en muchos momentos, al hijo filmando. Pero todo se va encaminando hacia un enrarecimiento, una suerte de sueño, una puesta en abismo: figuras que deambulan por pasillos como si la casa fuera un laberinto (lleno de puertas, pasadizos, rincones y recovecos que conducen ¿hacia dónde?) y que sólo guarda recuerdos y fantasmas; objetos acumulados que señalan tiempos pasados como mudos atestiguantes de toda una vida (platos, tazas, copas, manteles, el empapelado descolorido de una pared, un busto sin ojos que evoca a Merlino y un reloj de péndulo insistente). Pertinaz es asimismo el sonido: primero, de utensilios domésticos (cubiertos que se entrechocan, ruidos de platos y tazas) y, posteriormente, un sonido como maquínico que remeda el latir rápido e inquieto de un corazón como si fuera el propio de la casa (su pulso). De hecho, el último tramo del filme ingresa en algo indescriptible, onírico; luminiscencias amarillas, anaranjadas o verdosas que encandilan (algunas imágenes sobreexpuestas con blancos quemados sin información); formas abstractas para luego dar lugar, al final, al juego de persecución entre una niña y su padre (venidos como de otro tiempo, como si salieran de una filmación casera de los hermanos Lumière). Fontán logra una atmósfera fantasmagórica e hipnótica en la que, incluso, las presencias (actores profesionales y madre del director) convergen lúdicamente en un mismo plano. Es conocida la aserción del pintor Mark Rothko sobre el arte como una aventura en un mundo desconocido, que puede ser explorado sólo por quienes estén dispuestos a asumir el riesgo. Cautiva esa atmósfera en la que Fontán se arriesga por un camino extraño que da cuenta, por eso mismo, de la extrañeza del mundo. En referencia específica a un filme anterior de Fontán, *La madre* (2009), pero aplicable a casi toda su filmografía, David Obarrio afirma lo siguiente: "Sólo los fragmentos le importan al cine, parece decir [el director]. La tarea de Fontán como director entonces, podría ser la captura incesante de esos segmentos sueltos del mundo, esos destellos con los que todo parece iluminarse brevemente, para volver luego a su inconsolable opacidad" ("Dossier Fontán. *La madre*" s/p). Y en estos fragmentos (señas minúsculas) de *Elegía de abril* se dan cita semblantes extraños, mujeres como de otro mundo de rostros elusivos, incluso, uno de ellos (que aparece ya pasada la mitad del filme pero que adelanta los otros del tramo final) contiene cierta monstruosidad de pesadilla.

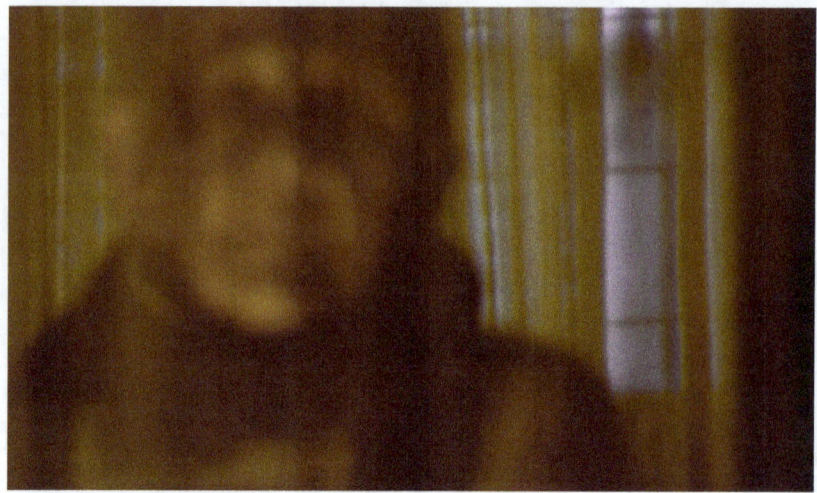

Figura 2.6. Fotograma de *Elegía de abril*.

El pasado resuena en el presente de muchos modos: en los volúmenes de un libro de poemas guardado durante décadas y que se desempolva; en los recuerdos de María y Carlos (los hermanos que rememoran a su padre, el poeta); en las deudas de amor que Carlos contrajo y continúa "pagando"; en lo que ocultan las cortinas pero que dejan entrever (rostros, figuras); en el viejo reloj y el empapelado descolorido; en las presencias fantasmagóricas que surgen en la casa y que deambulan por ella. Fontán pareciera adherir a lo que sostiene Jacques Derrida en *Ghost Dance* (1983), filme de Ken MacMullen, "el cine es un arte de fantasmas, una batalla de espectros. Es el arte de facilitar que los fantasmas regresen".

Todo visto detrás de vidrios y cortinados que deforman esos semblantes o como a través de una pecera donde el agua enmaraña las cosas o las deforma. ¿No son acaso nuestros recuerdos una concatenación, un imbricarse de unos con otros, y que suelen empañarse o difuminarse o, de lo contrario, alumbrarse y resplandecer a medida que otras memorias y conexiones u otras personas intervienen con su propio arsenal de evocaciones y reminiscencias? Es que como bien indica Gonçalves dos Reis Filho: "Se trata de devenires, más que de historias, de un conjunto de imágenes puras, que emergen como potencias sensoriales y afectivas, fuera de un finalismo o de un esquema sensorio-motor" (17), "[...] de una atención especial a los aspectos plásticos y sensibles de las imágenes" (21).

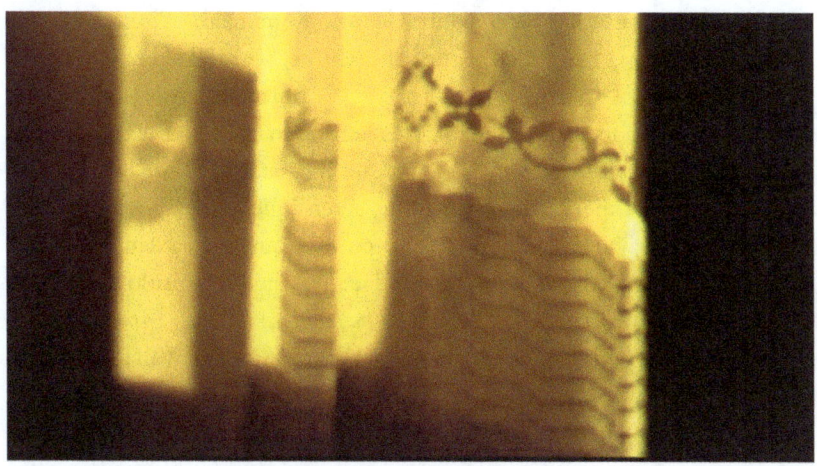

Figura 2.7. Fotograma de *Elegía de abril*.

Claramente, Fontán resiste, se juega, *se arriesga*. Tal y como escribe la filósofa y psicoanalista francesa Anne Dufourmantelle[12] en su bello *Elogio del riesgo* (2020):

[...] esa casi nada que Bartleby encarnará para siempre para nosotros, *esa resistencia terca al pensamiento pre-digerido, a las imágenes sobre-usadas, a la tontería de todo aquello que nos hace adherir, caer en el juego de lo mismo, en círculos*. Esa casi nada es un desplazamiento infinito, indeterminado pero extraordinario. (211; la cursiva es mía)

Resulta apropiado reparar aquí en que en el término *experiencia* se encuentra la raíz indoeuropea per/peri- que significa *arriesgar* ("Pues el riesgo [...] abre un espacio desconocido"; Dufourmantelle 14).[13] En el caso de Fontán sus realizaciones se nos aparecen como experiencia entendida precisamente

---

12. Filósofa que siempre apostó a la desobediencia y que "[a]lguna vez dijo que 'el encanto del riesgo radica en que está en la vida'" (Alonso 8).

13. Esa raíz indoeuropea *per/peri* aparece también en *probar* (experiri) y *peligro* (periculum); existe un nexo oculto entre experiencia y peligro: la primera proviene de haber sobrevivido a los riesgos. Le agradezco este dato etimológico al Licenciado Augusto D. Farb, dato que procede de Martin Jay en *Cantos de experiencia* (2009).

en tanto correr riesgos: un ir en contra de lo convencional, de lo repetido, de una pedagogía de la imagen en la que se le debe explicar todo al espectador;[14] un estar a favor de (y propiciar) lo abierto que promete expansiones inesperadas, pero, sobre todo, la posibilidad de vislumbrar lo inexplicable, lo mutable; de cobijar lo misterioso, de dejar paso a que la inestabilidad de la existencia se manifieste. La experiencia no escapa a las tensiones entre lo subjetivo y lo objetivo. Aquí hay una decisión estético-política que podría denominarse y entenderse como potencia de la indocilidad. Y es en este sentido que pienso en lo que Youssef Ishaghpour extrae de *The Necessary Angel: Essays on Reality and the Imagination* (1965), del poeta estadounidense Wallace Stevens, cuando me refiero a lo poético cinematográfico y que Fontán exhibe: "[lo] poético no tiene por finalidad designar o definir las cosas, sino producir sus resonancias, y hacer oír y ver en las cosas la resonancia de *lo abierto* y del todo" (Ishaghpour 288–89; mi énfasis). En definitiva, de lo que se trata cuando vemos y escuchamos *su* cine es de un proceso liberador dado que lo poético cinematográfico es un punto de resistencia por su acción ampliadora de la percepción humana. Y esto, en sí, es profundamente político. Según Georges Didi-Huberman, se comete un grave error al pensar que sólo miramos con los ojos: miramos con todo el cuerpo, "y en segundo lugar con el lenguaje" (cit. en Aguirre s/p). El cine como experiencia corporal; el cine como experiencia multisensorial y afectiva.

La imagen visual y la sonora hápticas se presentan como menos completas, lo cual deriva en que, como espectadores, contemplemos, al decir de Saer, la "proliferación enigmática de materia que llamamos mundo" por fuera de una estructura narrativa convencional. Es el pasado y las memorias que reverberan en el presente lo que permanece incompleto. No hay argumento que pueda contenerlos porque esa tela, esa malla, está hecha de fragmentos, los cuales, por diversas razones que forzosamente se nos escapan, fusionamos o anudamos. Esta *elegía* de Fontán se convierte en una *oda* al cine (como toda su filmografía). Un donar amoroso. "[Un] milagro del cine que busca una instancia de poesía no declamada, de un soplo que nos roza y nos obliga a remontarnos en nuestra propia, íntima genealogía de memorias" (Ricagno s/p).

---

14. Baste el ejemplo del espectador implícito infantilizado de un filme reciente como *Joker* (2019) de Todd Phillips, donde reina el imperativo de la transparencia y la ambigüedad no tiene cabida.

CAPÍTULO III

Filmar la percepción. De rostros, espectros, fragmentos de materia.

(El "Ciclo del río")

Hay que cuidarse de no caer en el agujero negro. La isla te aferra y sumerge en su interior, los pies se hunden, el piso te chupa como arena movediza. Es un agua oscura la que te tironea y te fija en el barro. Y el Delta es opaco, reserva su energía, jamás muestra su fondo.

Osvaldo Baigorria, "El escritor linyera", 3 de febrero de 2013

Qué extraño que en esta mañana de otoño haya una rajadura.
Juan L. Ortiz, *La rama hacia el este. El álamo y el viento*

Nosotros somos el rostro,
todos los rostros.
Fernando Pujato, *Cinéfilo,* 2014

EL DELTA DEL PARANÁ en Argentina constituye la quinta cuenca hidráulica más grande del mundo por el volumen de sus aguas, sus trayectorias, su biodiversidad y su fértil terreno.[1] Fluye de norte a sur, recorre varias provincias y se vierte en otro río antes de desembocar en el Océano Atlántico. Esa es su gran peculiaridad. El río Paraná, que en lengua

---

1. Una primerísima versión de este capítulo se encuentra en "Gustavo Fontán's Films: On Faces, Spectres, Fragments of Matter", en *The Film Archipelago: Islands in Latin American Cinema* (2021).

tupí significa "tan grande como el mar", tiene una topografía única precisamente porque primero se vacía en otro río: el estuario del Río de la Plata.

Probablemente otros grandes deltas compartan propiedades similares pero lo cierto es que el del Paraná ostenta una tensión claramente paradójica ya que sus islas, ríos, arroyos y canales se instalan en un *entre*: entre lo frondoso y lo precario, lo exuberante y lo frágil, lo avasallante y lo provisional, lo inmutable y lo móvil, lo inconmensurable y lo ínfimo. Remanso e intimidación. El Delta conforma un territorio cercano a lo sísmico por lo cual se borran los límites de dónde comienza el agua y dónde la tierra dado que una crecida puede metamorfosear todo en cuestión de horas o minutos. De repente, en este paisaje se presenta una hendidura, una brecha, un gran estremecimiento. En un espacio de este calibre las orillas mudan todo el tiempo, se abisman. Es una zona inestable, cambiante como pocas, siempre acechada por inundaciones. Aguas amarronadas claras e imprevisibles que en su desmesura siempre alteran caudales y derroteros. La incertidumbre señorea. Se diría: un entorno atravesado por la contingencia. Sin embargo, como señalé, también hay una permanencia constitutiva: la flora, las aves, el bicherío, los peces, la omnipotencia del agua; una biodiversidad de ecosistemas que es hogar de un número colosal de pájaros, anfibios, mamíferos, reptiles, especies arbóreas. Es un escenario vasto, inmenso, pero que también le provee al habitante, asentado o esporádico, de una mirada que pueda posarse en lo pequeño o nimio: una luminosidad o fosforescencia en el río, la textura de un tronco, el diseño de una rama, una gota de lluvia que pende de la hoja de un sauce o un helecho.[2] El poeta, músico y guionista argentino, Alberto Muñoz, ofrece una definición poética contundente sobre el Delta: "La isla aísla, repele, se come todo con sus fauces de tierra y raíces, pero ese animal es el que amamos".[3] Y esta imagen convoca

---

2.   Hay que recordar que Juan L. Ortiz (véase el capítulo I) es el poeta de los grandes ríos entrerrianos (el extensísimo espacio litoraleño de flora y caudales abundantes) pero, al mismo tiempo, es el de las miniaturas: pájaros y gotitas de agua (cada gota es una respiración), grillos o viborinas, o una florcita salvaje.

3.   El paisaje del delta cuenta con un arsenal abundantísimo de poetas, escritores, etnógrafos, periodistas, investigadores que han hecho de él el centro productivo y proteico de sus textos. Incluso, existe una suerte de tratado isleño versátil compuesto de glosarios, historias, bestiarios, notas, fotografías y poemas llamado *Tigre* (2010), publicado por Javier Cófreces y Alberto Muñoz. Manuel José de

también la idea de paisaje como archivo físico en el sentido de que allí se dan cita las relaciones sociales, o como lo señala Andrew Sluyter: el paisaje como "[...] mediador entre las relaciones sociales y políticas humanas y el ambiente no-humano" (cit. en Andermann, "Paisaje" 5). El Delta se convirtió en refugio para el exilio sexual interno y para disidentes políticos durante los años setenta y parte de los ochenta.[4] Es la *historicidad* propia de este paisaje.

El "Ciclo del río" de Fontán constituye una suerte de delta en sí porque los filmes que lo conforman se ramifican o multiplican (cada uno en los otros) y a la vez son parte de un único gran río (empujado por una misma corriente), y las operaciones del ver y escuchar son objeto de arrastre (nos convertimos en objeto de *arrastre*) para finalmente "habitar" con Fontán un ecosistema. En verdad, se podría afirmar que toda su filmografía es un gran archipiélago fílmico sin parangón si se considera la producción cinematográfica argentina de las últimas décadas; filmes-isla donde vemos la cámara y los ríos fluir hacia algo nuevo, *aisla*dos en su singularidad, o múltiples ríos que desembocan en *el* Río. En sus realizaciones las islas marcan un desplazamiento de objetos y figuras humanas (presencias) de un modo tal que nos quedamos con la contemplación. Una especie de materialidad cruda del mundo, materialidad en bruto, se reposiciona en una forma poética.

Lavardén, Martín Coronado, Marcos Sastre, Domingo Faustino Sarmiento, M. Santiago Albarracín, Liborio Justo, Alfonsina Storni, Raúl González Tuñón, Roberto Arlt, Álvaro Yunque, Haroldo Conti, Francisco Madariaga, Beatriz Vallejos, Oscar Hermes Villordo, Carlos Enrique Urquía, León Cadogán, Diana Bellessi, Alicia Genovese, Marisa Negri, entre tantos otros nombres posibles, componen una galería extensísima que, de un modo u otro, habla sobre o le canta al Delta en su totalidad o a uno de sus ríos o arroyos o constelación de islas e islotes. *Tigre y las verdes islas del delta* (2004), de Silvina Ruiz de Bunge, da cuenta de la enorme producción literaria y no-literaria en torno a esta región: desde la época colonial con el explorador Sebastián Caboto hasta textos canónicos como "El Carapachay" de Sarmiento que inaugura una genealogía escrituraria sobre la región. Para una recensión detallada de la documentación testimonial, textos ficcionales actuales, trabajos fotográficos y textos mixtos sobre el Delta, remito a la monografía de Isabel Quintana, "Literatura, utopía y memoria" (2011).

4. Años durísimos de represión, secuestros y muerte. Me refiero a la dictadura militar más sangrienta de la historia argentina (1976-1983).

De las teorizaciones y las diversas representaciones relacionadas con el tópico islas, Graziadei *et al* observan:

Desde los estudios literarios y culturales los aportes sobre el tópico *islas* gravitan con frecuencia en torno de sus posibles significados y se las expone como espacios llenos de sentidos y cognoscibles rastreando sus asociaciones con conceptos tales como *aislamiento* [...], *paraíso* [...], *contra-espacios antitéticos* [...] y *espacios de control colonial* [...]. O como *espacios que se resisten a un significado* [...]. Así, Chris Bongie [...] sugiere que 'la isla es una figura que puede y debe leerse en más de una forma'. Rod Edmond y Vanessa Smith [...] ven la isla como 'el objeto más interpretable, pero al mismo tiempo más escurridizo', mientras que Ottmar Ette [...] lo ve como un sitio de oscilación semántica. Si bien estas discusiones han contribuido mucho a nuestra comprensión del atractivo metafórico y conceptual de las islas en el imaginario occidental, oscurecieron asimismo las experiencias de múltiples capas que implican las islas transmitidas por sus propias narrativas. *Estas apreciaciones quizá se hayan centrado en la estructura textual a expensas de las texturas sensoriales, corporales y materiales de las islas en diferentes medios.* (240; mi énfasis)[5]

Siguiendo la línea abierta por Graziadei *et al* me detendré en dos realizaciones de Fontán: *El rostro* (2014) y *El limonero real* (2016) que junto a *La orilla que se abisma* (ver capítulo I) conforman el "Ciclo del río", filmadas en

---

5. "Discussions of islands in literary and cultural studies frequently gravitate towards the meaning of islands and discuss islands as either supremely meaningful and knowable spaces [...] tracing their associations with concepts such as *isolation* [...], *paradise* [...], *antithetical counter-spaces* [...] and *spaces of colonial control* [...] or as *spaces that resist meaning* [...]. Thus, Chris Bongie [...] suggests that 'the island is a figure that can and must be read in more than one way.' Rod Edmond and Vanessa Smith [...] view the island as 'the most graspable and the most slippery of subjects,' while Ottmar Ette [...] views it as a site of semantic oscillation. While these discussions have added much to our understanding of the metaphorical and conceptual appeal of islands in the Western imagination, they have obscured the multilayered experiences of islands conveyed by island narratives. *These discussions have perhaps emphasized textual structure at the expense of sensory, corporeal, and material textures of islands in different media*".

el Delta, para sumergirnos precisamente en lo perceptivo sensorial y las texturas materiales de las islas, lo cual constituye la particularidad de este cineasta argentino respecto de otros directores que hicieron de la geografía isleña su locación cinematográfica. También me referiré (tangencialmente) a *El día nuevo* (2016) porque la topografía es la del Delta, pero según Fontán, pertenece a otro ciclo, el de "las distancias". Desde *Los isleros* (1951) dirigida por Lucas Demare, *Las aguas bajan turbias* (1952) de Hugo del Carril, *Los sabaleros* (1959) de Armando Bo, *Prisioneros de la tierra* (1960) de Mario Sofficci, *Río abajo* (1960) de Enrique Dawi, *Los inundados* (1961) de Fernando Birri hasta *Sudeste* (2003) de Sergio Bellotti, el documental *Paiva, retrato del artista tigrense* (2007) de Lucas Distéfano, *La león* (2007) de Santiago Otheguy, *Los muertos* (2007) de Lisandro Alonso, *El sueño del perro* (2008) de Paulo Pécora y el corto *Rosalinda* (2010) de Matías Piñeiro, excepto el film de Pécora, cuya impronta onírica le permitiría el ingreso en el exclusivo club de partisanos de lo poético-cinematográfico, en los de Fontán hay un constante encuentro poético con la materialidad del mundo. Sobre *El rostro* (2014) nos preguntamos: ¿qué son esos rostros, sonidos, imágenes de un ecosistema que se busca, rastrea, persigue? ¿Qué ven cuando miran? ¿Son imágenes de un sueño? ¿Son fantasmas? ¿Qué son, a qué remiten esos sonidos casi extraños? ¿El hombre llega a un lugar abandonado y luego lo puebla con lo que su memoria (re)trae a la vida? Me propongo acometer estos interrogantes centrándome en que Fontán exhibe entidades vivientes en primer plano: follaje, árboles, insectos, perros, caballos, ríos, niños, adultos. Corporalidades, texturas, formas. Al filmar (en) las islas del Delta del Paraná, Fontán se involucra sensiblemente, por un lado, con las producciones literarias que le interesa trasvasar a formato cinematográfico (ya sea la poesía de Juan L. Ortiz o la novela *El limonero real* de Juan José Saer) y, por otro, su cine bucea en lo que significa habitar estas islas, y así encauza nuestros sentidos en una suerte de viaje (un transportarnos por una experiencia inigualable de lo visible, lo audible y otras impresiones sensoriales amalgamadas) en función de captar la tensión observable de vivir en un escenario que se modifica permanentemente debido a lluvias persistentes, vientos, inundaciones. Una vez más: la constante del cine de Fontán consiste en dar cuenta de sucesos discretos, el mundo en su devenir, una mirada peculiar hacia la materia en movimiento, un sonido que no duplica la diégesis sino que suscita nuevos sentidos, al producirse con independencia de la imagen. Fontán ubica una de sus resoluciones poéticas de su filmografía en la desconexión entre imagen y sonido.

Ya afirmé que el cine de Fontán es háptico porque enfatiza la naturaleza inmanente y corporal de la experiencia del arte. Efectivamente, teje una poética afectiva del espacio háptico a través de un tenaz merodear de la cámara, pero, incluso, en muchos momentos esta se detiene en algo que se revela sin importancia aparente pero que, a través de ese detenimiento, se convierte en especial, una apuesta por el contemplar. Nuestros ojos como órganos del tacto; visualidad y escucha hápticas. Tocar algo o a alguien siempre implica reciprocidad: un ser *tocado* (Bruno 12). Jamás es unidireccional (Bruno 14). La visualidad háptica entraña experiencia corporeizada. Proximidad sensual, multisensorialidad. Esta visualidad, tal y como Donato Totaro sintetiza adecuadamente, se define al contener algunas de las siguientes cualidades formales y textuales: imágenes granuladas y poco claras; imágenes sensuales que evocan la memoria de los sentidos (agua, naturaleza); posiciones de cámara cercanas al cuerpo y registradoras de la superficie de los objetos; cambios de foco, subexposición y sobreexposición; imágenes logradas con película vencida. "La imagen háptica es, en cierto sentido, 'menos completa', lo cual requiere que el espectador la contemple como una presencia material en lugar de un engranaje representativo fácilmente identificable como estructura narrativa [...]" ("Deleuzian Film Analysis" s/p).

Paul Cézanne se preguntaba cómo llegar a una verdadera imagen, cómo lograr un ojo de vidente (no uno pragmático, puramente óptico), cómo evitar los clichés. Se respondía que para lograr esa imagen había que instalar agujeros y vacíos. El paisaje surge por supresión del contenido; los agujeros lo hacen aflorar. Como se verá, cuando en los filmes de Fontán hay desenfoques, ralentizaciones, abstractizaciones de la imagen, sonidos que cobran una dimensión en sí, allí aparecen esos agujeros que (nos) descolocan, que nos permiten desprendernos de los automatismos de nuestra atención; nos hacen ver y escuchar de otro modo y al hacerlo se amplían los límites de lo que puede ser experimentado (véase el capítulo I). Oubiña, respecto de Kiarostami, sostiene que "[...] no filma para que el mundo le comunique su secreto sino —en todo caso— para devolverle su *incertidumbre*" ("Algunas reflexiones" s/p; mi énfasis).

El rostro

Aquí no hay argumento, hay bosquejo o croquis; no hay narrativa convencional, hay despuntar de lo sensorial. Un hombre va en un bote remando hasta

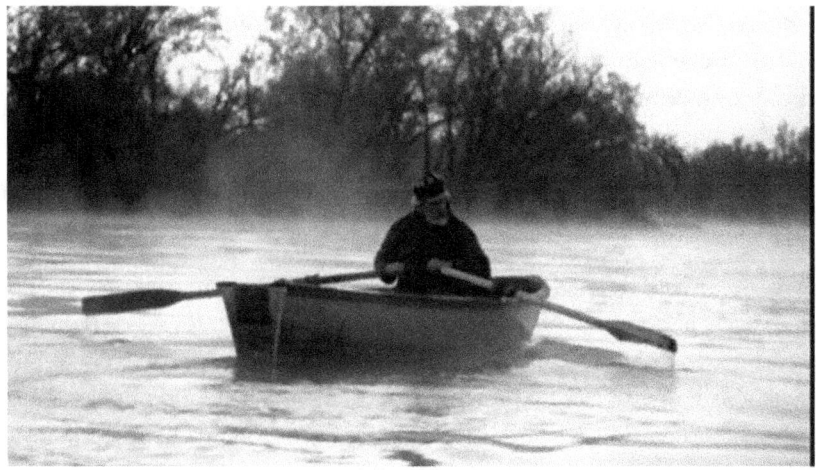

Figura 3.1. Fotograma de *El rostro*.

llegar a una de las islas del Delta del Paraná. Una vez que está en tierra firme se encontrará con pescadores, con una mujer, niños, perros, otros lugareños, y con la naturaleza que habla con sus voces: fragores, zumbidos, canturreos, murmullos. Al final, la despedida. Ese hombre regresa no sabemos a dónde, así como tampoco sabemos de dónde provino. El hábitat está constituido por tierra, plantas, árboles, animales y, sobre todo, agua expuesta en su sonoridad, en su repetirse, en su condición vaporosa: fragmentos de materia que construyen imágenes. Un río suena con sus miles de sonidos al mismo tiempo; es un canto el del agua, y si se presta atención se pueden ir separando esas casi infinitas cadencias porque el idioma del agua es fuente de voces y música. En los filmes pertenecientes al "Ciclo del río" (en verdad, debería ser el "Ciclo del Delta del Paraná"), Fontán realiza una especie de catálogo botánico y de ecosistema erótico. La cámara, como en *La orilla que se abisma* y *El limonero real* y en todo el "Ciclo", se regodea en recorrer y reparar en la abundancia y diversidad de especies arbóreas, en las reverberaciones del agua, el crujir de la madera de un bote, la bruma que lima los contornos. Todas imágenes surcadas por pocas palabras pero escandidas por voces. Y es esta economía o parquedad, entre otras cosas, la que da paso a la índole textural de la imagen cinematográfica (en oposición al valor referencial de la misma). Irupés o camalotes, helechos o sauces, luminosidades, toda clase de seres flotantes: la cámara se demora tanto en esos infinitos pobladores del inmenso río como en sus texturas: las ondulaciones del agua, los raros dibujos de los troncos y las ramas.[6] Y esas texturas se ofrecen a la *tactilidad*: espesor, volumen, relieves. Se demora, en definitiva, en las fulguraciones de lo viviente.

El rostro comienza como una suerte de experiencia documental: un hombre que rema mientras observa el paisaje acuático y vegetal. Es como si hubiera un pasaje de lo concreto (hombre, bote, río, árboles) a algo que huye, como si se desintegrara (el tiempo, los sueños, la memoria; la inminencia de un disgregarse). En efecto, una experiencia que luego se transforma en poética: ¿lo que vemos pertenece al orden de los sueños, de los recuerdos o es un mundo ya desaparecido? Parece que aquí se cuenta una cronología, pero el tiempo es un abismo porque es un presente aparentemente habitado por el pasado o por sueños. Si son recuerdos se manifiestan, en todo caso, como fantasmales: ¿el hombre que llega se encuentra con seres extintos? Tanto en *El rostro* como en *El limonero real* la experiencia de habitar las islas implica un recuerdo y una inminencia porque la vida está siempre en tensión. Pero este modo de habitar está marcado por el contacto permanente con lo natural y por el conocimiento ancestral de este mundo: los movimientos del río, sus cursos, sus transformaciones, su fuerza e imprevisibilidad o la experiencia atávica de pescar en ese río. El paisaje es también cultura con sus saberes, sus pequeñas economías que giran a su alrededor. "El paisaje es esa relación de la tierra con las personas que arman la comunidad", como afirma Jacinto Briatore (cit. en Siegrist, "Los extremos del río Paraná" s/p).

Las islas no ofrecen estabilidad: la sensación de estar en tierra firme se desvanece en la neblina al igual que la bruma propia de los amaneceres fluviales. La vida en ellas es fatigosa, inclemente.[7] Fontán sintetiza así lo que propone

---

6. En los filmes que conforman el "Ciclo del río", en las islas, cerca de los ríos, en tierra firme y en el agua, pareciera que son distinguibles varias especies arbóreas: Paraísos, Casuarinas, Fresnos, Arces, Cina Cinas, Talas, Liquidámbares, Araucarias, Eucaliptos, Palmeras Pindó, Zarzamoras, Ingá, Higuerón, Ceibo, Espina de Bañado… ¿No son estos nombres y su sonoridad también poéticos? Una biodiversidad sonoro-poética.

7. Si bien no ahondaré en el largometraje *El día nuevo* (2016; cuya coguionista es la escritora Gloria Peirano), me interesa señalar que presenta una historia de desamor dentro del ámbito de las islas. Un filme sobre la *desposesión* afectiva, social, económica. Los créditos finales anuncian que iniciaría el "Ciclo de las distancias".

en *El rostro*: "El rostro, por tanto, no es el rostro de este lugar, no es el rostro de este hombre en particular, sino el rostro de esta forma de habitar islas" (Girardi y Pinto, "Gustavo Fontán, cineasta" s/p).

El "principio poético" organizador, como lo denomina Fontán, en este caso, es el fantasmagórico. El presente de la película se fuga hacia otra época. Por tanto, el sonido y la imagen no existen dentro de la misma temporalidad, aunque estén en el mismo espacio. Hay una deriva del tiempo y una deriva del sonido. Ya que su cine fundamentalmente trabaja con la percepción, las palabras aquí no son claras porque, cuando lo son, tienden a amarrar sentidos. Aquí, la palabra es sólo una imagen sonora, un murmullo o susurro, a veces apenas audible; se observa atentamente la vida cotidiana y se nos ofrece tiempo para contemplar y, al hacerlo, nos convertimos en testigos de ciertas transformaciones: una mujer que camina puede ser joven y luego envejecer, como si una luminiscencia, mancha de luz solar en el medio ambiente, produjera mutaciones menores. Nuestra mirada se ancla más allá de las apariencias. Las traspasa.

En *El rostro* la naturaleza y sus rumores aparecen en sonido amplificado: un remo que hiende el agua, unos pasos sobre hojas secas o ramas desprendidas, voces que no coinciden con el movimiento de los labios, pero que crean una entonación poética, porque el sonido no está presente para intensificar ni ilustrar: más bien, es una adición, un *plus*, al emanciparse de la imagen. Nos hallamos frente a una coreografía audiovisual y, al mismo tiempo, ante un discreto enrarecimiento. La inestabilidad del territorio de las islas—su carácter

---

Un hombre abandonado por su mujer. A ella no se la ve, pero se la oye. Marca formal de disociación y de un apartarse: él es imagen; ella, palabra. El filme recorre esos primeros días de alejamiento. El islero está solo, anda en bote, pesca y hay animales que lo siguen y acompañan. Es presencia y actuación lacónicas. No tenemos acceso a su interioridad. Él y los animales se desenvuelven dentro de una economía afectiva de supervivencia donde el *común* es la comida compartida, la compañía y la protección mutua. Y el río y la vegetación continúan siendo impiadosos, indiferentes al calendario de desazón, dolor y soledad. Tal y como sostiene Roger Koza: "[...] aquí se trata de la relación concebida como distancia. Alguien está en una orilla, otro está en la opuesta. ¿Qué los separa? El Yo es un perímetro que se define en la no mismidad de otros que siempre están a distancia" ("*El día nuevo*" s/p).

sísmico—tiene su perfecto eco formal en la disyunción entre la imagen visual y la sonora. Como gran artesano y poeta cinematográfico que es, Fontán opera aquí con el blanco y negro en diferentes formatos (súper 8, 16mm vencido, 16mm y video con edición digital). Es una decisión estético-política, ya que así filma a causa de su idea del tiempo como deriva. De Fontán no se puede esperar una narrativa o una historia tradicional con sus personajes y diálogos, con su construcción psicológica y espacios definidos. Es decir, no aspiramos a toparnos con una historia en términos convencionales (situación no conflictiva + aparición de conflicto + giro de la trama + resultado/resolución), ni nuestra experiencia de la película se basa en una secuencia cronológica. Las imágenes presentan algo que atraviesa la memoria y el sueño, sin diálogo. Pero con Fontán estamos atentos a la primacía de los sentidos, a una experiencia que se aloja en "la certeza sensible de un estar en el mundo y de formar parte de algo que nos excede" (Fontán, "Modos de penetrar el mundo" 8). Filma "astillas del mundo": un bote, un hombre que rema, agua, un perro, rostros, cuerpos, ranchos, el trabajo con las maderas de un bote, el minucioso corte de un pescado. Esos fragmentos deben transformarse en una visión. "La experiencia no es necesariamente el contacto con cosas que están inmensamente lejos de nosotros. Al contrario, es la inmersión en lo contiguo" (Fontán, "Los espectros de Fontán" s/p). Por lo tanto, *El rostro* no se ocupa de una figura humana en particular; más bien construye esa forma de habitar. Y las fragmentaciones (filmar esas astillas del mundo) constituyen una de sus operaciones formales, haciéndose eco de lo que implica habitar las islas: lo inestable, lo incierto, lo inminente. El desafío de *El rostro* consiste, como afirma Silva Rey, "[en] que esta película nos ofrece: ponernos ante los ojos durante una hora reloj, el relámpago de la vida: pruebas, impresiones, esbozos, borradores, comienzos manuscritos, sin principio ni fin" ("Acerca de *El rostro*" s/p).

En la introducción había aseverado que el cine de Fontán "[...] no es un cine de personajes sino un cine de *presencias*", un cine de cuerpos. Sus "protagonistas"[8] no dejan entrever su subjetividad; esas subjetividades "son pura exterioridad" (Pérez Llahí, "Hachero nomás" s/p). Y esta opacidad nos convierte en materialistas del cine porque la nuestra es una experiencia sensualista frente

---

8. Fontán pone en cuestionamiento estas categorías (personaje, protagonista) al dotar a sus *figuras* de una opacidad infranqueable.

a unas imágenes de figuras que deambulan y se desvanecen en el espacio y en el tiempo; cine de cuerpos el de esas figuras errantes, pero también del nuestro, el de los espectadores, allí donde respiran los planos en un tiempo de no interferencia. Es de la experiencia sensible del espectador con esa materialidad de la imagen de lo que se trata cuando vemos sus filmes.

En breve me voy a detener en la importancia del haiku en Fontán, pero aquí (*El rostro*) adelanto que esta forma poética es la de la sensación, "[la] sensación desnuda de las cosas que nos hablan para poder aprender de ellas, establecer una unión con ellas". El haiku como una *imagen-sensación* (Pérez Goiri 552) y como asevera Vicente Haya: "el haiku es la poesía del descubrimiento del mundo" (31). De aquí que otorgarle un lugar preponderante al asombro sea uno de sus rasgos pertinentes; el asombro que un cineasta como Fontán pone en escena en *El rostro*: asombro ante un instante de luz, ante las ondulaciones e iridiscencias del río; asombro frente al sonido de la hojarasca por la que se camina, el crepitar del fuego mientras se asa un pescado recién atrapado, las risas de unos niños mientras juegan o chapalean en ese río, el ramaje que es balanceado por aguas y vientos y rasguñado por la luz. El cineasta-poeta Fontán—el *haijin*, como se verá—observa las manifestaciones de la vida, sus vibraciones, su palpitar, que repercuten en él, y esa emoción profunda (ese impacto) es lo que los japoneses llaman *aware* (*mono no aware*, *aware* de las cosas) (Pérez Goiri 50).[9] Mirar y escuchar sus films es vernos afectados por esa hondura que es íntima unión con el mundo; verlos y escucharlos es erradicar toda distancia con el mundo, es transformar ese vínculo en un lugar de resonancia de su constante fluir, de su acontecer. "El mundo simplemente sucede, acontece. Y lo hace en el tiempo" (Pérez Goiri 51). El haiku y los filmes-haiku de Fontán dan viva cuenta de esto.

---

9. Fue Motoori Norinaga, intelectual importante del período edo, que definió *mono no aware* "[como] una manera de relacionarse con el mundo que precede a todo entendimiento, a todo hábito, a todo concepto. Es un vínculo puramente emocional, inmediato, nacido de una armonía pre-existente—una identificación— entre el corazón (*kokoro*) del hombre y el corazón—entendido a la vez como órgano vital y como forma íntima, o 'esencia'—de los otros seres vivos. *La poesía y el arte en general son expresiones de este vínculo*" (Maurette, *La carne viva* 179-80; el énfasis me pertenece).

Concebido desde cierta austeridad como decisión estética y política, su cine (tal como anticipé en la introducción) es liberador porque dota (un *donar*) a los cuerpos de energía, una energía que nos vuelve cuerpos con capacidad de ser afectados por otros. Nuestra mirada (nuestro cuerpo) vibra porque las imágenes que tenemos ante nosotros tiemblan (véase el capítulo IV). Al respecto, David Obarrio aporta una síntesis bella y precisa de la poética de Fontán:

> Una vez más, se tiene la sensación de que Fontán ha conseguido algo muy raro de verdad: una película que se interroga con énfasis por la naturaleza de lo que ve pero no pide disculpas por no tener una respuesta de ocasión. En el cine de Fontán solo parece existir la *incertidumbre, como búsqueda estética y programa ético. Las imágenes incluso parecen mirarnos mientras nos preguntamos quiénes somos.* ("BAFICI 2014-*El rostro*" s/p; mi énfasis)

El limonero real

El "fondo" del filme *El limonero real* es la novela homónima (1974) del escritor argentino Juan José Saer (1937-2005). No nos topamos aquí con una adaptación; término que rechazo porque supone un acomodo, un ajuste, una adecuación, como si el texto literario fuera un fetiche, una entidad superior,

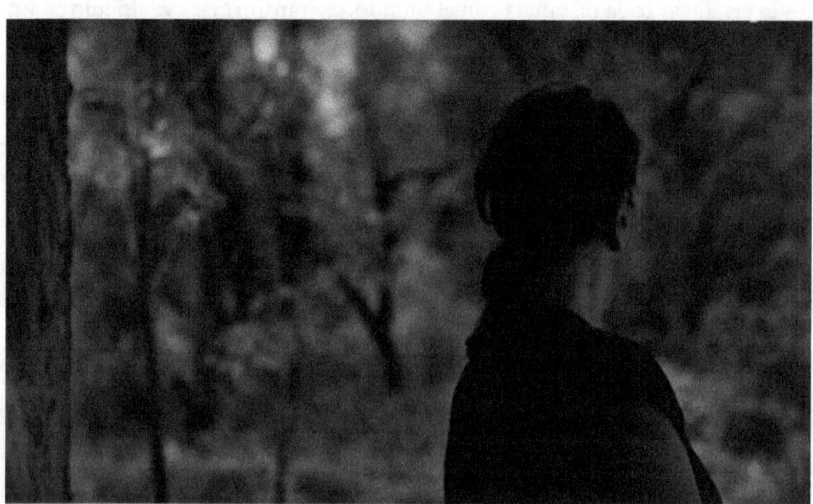

Figura 3.2. Fotograma de *El limonero real*.

una forma indeclinable que no admite abyectas traiciones, según apunta Millicent Marcus (22). Y como si el cine fuera, en consecuencia, un simple vampiro que se debe acomodar a ese texto con el mayor grado de fidelidad posible, como si este fuera *el* criterio a seguir. Es necesario despejar la idea de la existencia de una forma unívoca de efectuar el pasaje de un discurso a otro; no hay moldes o patrones formales de cómo ejecutarlo, sólo derroteros diversos que dependen de las distintas estéticas o poéticas de los guionistas y/o directores. Los textos literarios como los fílmicos constituyen formas porosas, altamente refractables, que resisten normativas y gestos canonizantes que los críticos de la fidelidad hacen cuando colocan la literatura en un pedestal a la que ninguna "ilustración cinematográfica" pudo nunca aspirar (Marcus 22). El cine muestra aquí, en *El limonero real*, en cambio, cómo se puede recoger, desde la referencia y la irreverencia, la huella que deja un relato.[10]

Es cierto que, por su formación en Letras, Fontán extrae parte de sus reflexiones sobre la imagen de la literatura y no desconoce el carácter fragmentario de la escritura del escritor santafecino, con una sintaxis que empieza a plasmar algo y lo arma en una articulación arborescente que pertenece al cine. Lo que Fontán logra es apropiarse del texto de Saer pero para hacernos ingresar en el paisaje isleño, en las tensiones de este hábitat, en ese estado que es un *entre* (entre la vida y la muerte). Las islas ofrecen una luminosidad que es condicente con esa sensación perpetua de lo difuso y brumoso: la neblina, la lluvia, lo vaporoso del agua. Y la tierra, presentada como arena movediza, a la espera siempre inminente de una crecida.

En el filme nos topamos, otra vez, con riachos, ríos, botes, follaje, caballos, mujeres, niños, hombres que reman, perros, unos ranchos. Un festejo: el último día del año para celebrar el venidero. *Él*, Wenceslao, el marido, va al encuentro con familiares y amigos de otras islas; *ella*, su mujer (sin nombre), se queda en su casa de una de las tantas islas porque sigue duelando la muerte de su hijo acaecida seis años antes. Wenceslao siente (y lo dice) que es él quien

---

10. "Fontán cree que toda *transposición* implica 'un doble signo: *un acto de amor hacia un texto literario y un acto violento por el rompimiento que se necesita para convertir el texto en otra cosa'*. El director plantea que lo ideal para un espectador sería 'olvidarse de la novela sin olvidársela' porque 'la película parte de un texto, pero forma algo nuevo, que se completa en sí mismo, y ya no puede pensarse en relación directa con el texto'" (Biedma, "Al otro lado del río" s/p; mi énfasis).

debería haberse muerto, no su joven hijo. En un momento dado se lanza al agua, nada, se sumerge y no sabemos si intenta morir ahogado o no (volveré sobre este punto). A la noche, se conjugan rostros, cena, baile, murmullos, viento. Después de celebrar la llegada del nuevo año, Wenceslao vuelve en bote remando en la oscuridad (va retornando así al luto de su mujer). No vemos o apenas un atisbo, pero escuchamos la entonación cadenciosa entre agua, remos y respiración. En la noche cerrada *percibimos*: el ser humano, el entorno, el trabajo físico. Fontán comparte con Bresson la idea de que el ojo en general es superficial; el oído, en cambio, profundo e inventivo. Como ya sostuve, según el realizador francés, el silbido de un tren imprime en nosotros toda una estación. Fontán nos brinda acceso a aquello que no se muestra y sin embargo *vemos* porque el oído nos lo facilita. El tiempo se manifiesta libre de teleología, de totalidad; aparece como devenir constante. "Fontán [triunfa] allí donde el cine rara vez logra imponerse: nos deja ver eso que no se puede mostrar" (Oubiña, "*El limonero real*. Lo inefable" s/p).

Resulta oportuno retomar aquí lo que aseveré anteriormente sobre el haiku y resaltar que Juan José Saer sentía especial predilección por esta forma poética por su facultad de capt(ur)ar el poder de un instante (indispensable para proceder a narrar), pero expandirlos no implicaba perder el vigor y precisión de un detalle revelador, disparador del haiku (un núcleo poético). Sin esa exactitud o precisión el haiku no existiría (Sarlo 41-57). "Lo que Saer asedia a través de expansiones y cambios de perspectiva, es el modo en que transcurre un instante, cómo flota en el presente de la experiencia, cómo reverbera fugazmente en una mirada: cómo 'narrar la percepción'" (Oubiña, *El silencio y sus bordes* 72). No sería arriesgado entonces pensar el haiku como una especie de matriz productiva de muchos de los filmes de Fontán. Tanto en el "Ciclo del río" como en la "Trilogía del lago helado" (capítulo IV) o en *Jardín de piedra* y *Luz de agua* (sus cortos de 2020 en plena pandemia; ver en Coda) se podría sostener que el *modus operandi* de Fontán radica en una suerte de expansión de una miniatura o nódulo que el haiku compone y expone. El haiku, sostiene Sarlo en su *Zona Saer*, es especialmente preciso en la notación del "'tiempo que hace' [Barthes]: el calor inesperado en el otoño; o la tormenta que se desploma en una tarde de verano, todas las variaciones previsibles e imprevisibles de la temperatura, la luz y sus efectos, el movimiento del aire" (Sarlo 43). Según Pérez Goiri el haiku se deja habitar por todas las capas de la existencia (lo atroz o lo extraordinario); no rechaza ni la violencia ni la monstruosidad del mundo tal y como veremos en *El limonero real*. A la materia espesa del mundo se llega a través de la experiencia multisensorial;

membrana sensitiva que capta los impulsos de la vida. Fontán es un *haijin* (así se llama en japonés a quien compone haikus). El asombro es lo que guía al *haijin* y para dar cuenta de él suele recurrir en la escritura a elementos sintácticos mínimos (un despojarse). Lo rudimentario expresivo busca acercarse a ese instante: el acontecer del mundo (que simplemente sucede). "Y lo hace en el tiempo" (Pérez Goiri 54). Aplicable a casi toda la filmografía de Fontán, un haiku es un despertar de los sentidos, un percibir que es interrogación del entorno. Como afirmé anteriormente, es la levedad y la gravedad de las figuras humanas (de las presencias), de la naturaleza, de las cosas, como si todo, en Fontán, estuviera en estado de flotación. Lo cotidiano rebosa de pequeños prodigios. Y decir *levedad* es mentar la dimensión estética que le abrió Juan L. Ortiz a Juan José Saer, ese otro gran escritor del litoral (Sarlo 48). En efecto y tal como sostiene Sylvia Schönhals:

> [...] en sus poemas [de Juan L. Ortiz] se traslucen los *haikus* y *tankas*, de la *pintura china*, del *kakemono*, de las *sutiles acuarelas* y la estética de los signos escriturales, de los ideogramas, a la vez que se compenetra de su rítmica versal, de su hondura, de su economía y de su espacialización sugerente. Como dice Miguel Brascó 'su poesía es elegíaca y *suave* como el aire de su provincia'. *Ecos orientales y sonoridad regional se aúnan.* El paisaje natal, identificado fundamentalmente con el río, eje vertebrador de su poesía, se expresa con indagaciones de lo *sutil, de lo casi abstracto del arte oriental*. Una poesía que rehúye lo concreto y lo sustituye por la *sugerencia sustancial*. Así la pintura se sirve de la acuarela, de la aguada, de lo más inasible, para diagnosticar lo asible. ("Las sutilezas del trazo" s/p; mi énfasis)

Lo que asevera Sarlo sobre la poética de Saer puede remitir a la de Fontán: "A través de la captación fugaz pero intensa y nítida de un fragmento del acontecer circula la presencia intuitiva del todo al que ese fragmento está ligado" (Sarlo 42). El haiku implica capturar el poder de un instante indispensable para filmar. Transforma "[...] una experiencia insignificante, antipoética en un sentido romántico y sentimental en experiencia estética" (45). ¿No es acaso lo que ambos, Saer y Fontán, llevan a cabo con los distintos materiales con los que trabajan? La búsqueda de una suerte de verdad en la percepción de superficies sensibles (el agua, las especies arbóreas y su diverso verdor y texturas, las formas de los troncos, la piel lustrosa de un caballo al sol, la luminosidad de un cuerpo). De Saer a Fontán: "[lo] poético fluye como río de imágenes y de formas de percibir" (Pérez Goiri 54), pero sabiendo que, indefinible e inasible, el

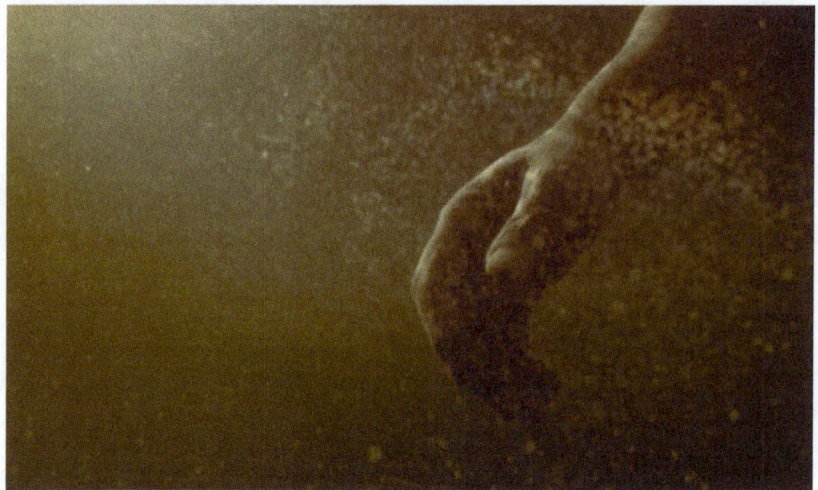

Figura 3.3. Fotograma de *El limonero real*.

haiku es poesía de la *sensación* (imagen-sensación), poesía del descubrimiento
y del asombro y de lo ya visto pero que ahora podemos ver con otros ojos.
"Lo que se paladea es lo Real que está dejando de transparentar" (Pérez Goiri
50). El impacto de una emoción profunda. *Mono no aware*. Saer escribe/narra
desde la poesía—como lector, traductor de poesía y poeta—(Sarlo 46). ¿No
es acaso el comienzo de *El limonero real* un haiku expandido, extendido a partir de lo que debería considerarse versos: "AMANECE/ Y YA ESTÁ CON
LOS OJOS ABIERTOS" (mayúsculas en el original). Lo mismo puede sos-
tenerse de Fontán: filma a partir de la poesía, leyendo poesía.

El lanzarse al agua y hundirse de Wenceslao conforma la *imagen madre*
del filme;[11] su rostro *es* el del luto; esas brazadas ralentizadas *son* las del luto.
La luz y el agua operan como una suerte de bautismo (¿el agua redime el luto
en el más puro ahora?) de ese hombre que busca despojarse de un dolor ya
añejo, pero aún aguijoneante y atormentador. Esto es así porque perder a un
ser amado es como ingresar en un río oscuro, que nos arrastra hacia un fondo
inescrutable; un cauce que no sabemos a dónde nos lleva. Y la (innombrada)
esposa, madre del hijo muerto, siempre vestida de negro, se instalará a poco de
aparecer en un fuera de campo permanente, como evidencia de la otra, la más

11. Tal como puntualicé en la introducción, Barthes, en *Lo obvio y lo obtuso*, toma
     de Lessing el concepto "instante preñado" del cual surge el de "imagen madre".
     Imagen que se entiende como sintetizadora, nuclear.

lacerante de las ausencias. La mujer está viva pero *muerta* (sin deseo alguno) y el hijo *muerto* está vivo (en el luto, en el duelo nunca atravesado, en la pura melancolía).

El duelo, su consecuente dolor y el continuar vivo por elección no se dice, *se siente*.[12] El dolor por la ausencia de un ser amado y el propio continuar con los vivos se percibe (se ve, se oye). Adhiero a lo que asevera Koza en relación con el baño de Wenceslao (en verdad, un hundirse en el agua dorada del río para luego flotar en ella); allí, el padre, que hace tiempo se ha quedado sin su hijo, exhibe, en ese abismarse, su aflicción y abatimiento; esos sentimientos se ven y se oyen, se sienten: se palpan. Estamos frente a una epistemología desde el sentir tal y como lo entienden Marks y Gonçalves (la mirada táctil): "La visualidad háptica implica un volverse vulnerable a la imagen al revertir la relación de autoridad/control que caracteriza la visualidad óptica" (Marks 185).[13] En este sentido, cabe tener en cuenta lo que afirma también Bruno:

Los lugares y afectos se producen conjuntamente, en el movimiento de una proyección superficial entre el paisaje interior y exterior. Los afectos no sólo son los creadores del espacio, sino que se configuran a sí mismos como espacio, y tienen la textura real de la atmósfera. Sentir un estado de ánimo es ser sensible a un cambio atmosférico sutil que transporta a las personas a través del espacio aéreo. De esta manera, el movimiento crea emoción y, recíprocamente, la emoción contiene un movimiento que se comunica. No es por casualidad que digamos que estamos "con-movidos". La emoción misma conmueve, y el lenguaje de la emoción se basa en la terminología del movimiento. Abordar este lenguaje implica un revestimiento tangible del espacio visual, porque el afecto no es una imagen estática y no puede reducirse a paradigmas ópticos o imaginados en términos de dispositivos y metáforas ópticos. El paisaje de la mediación afectiva es material: está hecho de tejidos hápticos, atmósferas conmovedoras e invenciones transitivas. (Bruno, *Surface* 19)[14]

---

12. Esto lo observa bien Roger Koza en "El limonero real (04)" (2017).

13. "Haptic visuality implies making oneself vulnerable to the image, reversing the relation of mastery that characterizes optical viewing".

14. "Places and affects are produced jointly, in the movement of a superficial projection between interior and exterior landscape. Affects not only are makers of space but are themselves configured as space, and they have the actual texture of atmosphere. To sense a mood is to be sensitive to a subtle atmospheric shift that couches persons across air space. In this way, motion creates emotion and,

El cine háptico de Gustavo Fontán remite a la materialidad de los pequeños gestos, de eventos mínimos. Remite a lo discreto. Los saberes son corporales, no hermenéuticos. Es en este sentido que en su monumental *Tierras en trance. Arte y naturaleza después del paisaje* (2018), Jens Andermann propone retomar la huella que había abierto Merleau-Ponty en su póstumo *Le visible et l'invisible* (1964): "[...] con su idea de la percepción como 'carne/[carnadura] del mundo' (*chair du monde*), asentada en el cuerpo como condición material de nuestra apertura hacia la otredad [...], deberíamos reconsiderar la dimensión estética como el ensamblaje entre nuestra materialidad sensible y aquello con lo que entra en agenciamientos, en 'transfecciones' (Haraway 2008 15)" (Andermann, *Tierras* 426). Merleau-Ponty remite a una existencia encarnada y por tal entendemos el cuerpo como *incompletamente* constituido, un espacio vivo atravesado por "interconexiones y sensaciones en diferentes planos: tocador-tocado, oidor-escuchado, observador-visto, etc." (Cuartas Restrepo 202). En vez de *empatía* que implica ponerse-en-el-lugar-del-otro (imposibilidad ontológica) habría que hablar de *resonancia entre experiencias*, de reconocimiento del efecto del otro en mi cuerpo y del mío en el otro. Hacerse cargo de que tal reconocimiento puede ser transformador. Lo que logra Fontán es, precisamente, patentizar esas interdependencias e interconectividades donde lo invisible nos habla tanto como lo visible, dado que sujeto y objeto participan de la carnadura del mundo. Y es en esta línea que en su cinematografía el tiempo se vuelve volumen por el juego entre lo que (entre)vemos y lo que escuchamos porque el sonido nos impregna/nos toca/nos interpela desde todos los espacios (campo y fuera de campo; un sonido natural o robótico o cósmico o electrónico; un sonido sugerente porque aparece desde todas direcciones). Su cine habita (en) el intervalo, capt(ur)a lo que *está-siendo*, y ese rasgo, en sí, es contrahegemónico ya que no hay en él una línea de flecha que nos dirija, de izquierda a derecha, hacia *un* o *el* final, donde lo único relevante es la espera misma de ese final.

---

reciprocally, emotion contains a movement that becomes communicated. It is not by chance that we say we are 'moved.' Emotion itself moves, and the language of emotion relies on the terminology of motion. To address this language involves a tangible redressing of visual space, because the affect is not a static picture and cannot be reduced to optical paradigms or imagined in terms of optical devices and metaphors. The landscape of affective mediation is material: it is made of haptic fabrics, moving atmospheres, and transitive fabrications".

Para Fontán el conocimiento es corpóreo. Quizás, una vez más, necesitemos volver a lo que Susan Sontag sostenía en 1966 en *Against Interpretation*, que en lugar de una hermenéutica del arte, necesitamos una erótica del arte. Nos sentimos despojados de nuestra capacidad interpretativa cuando estamos incapacitados para descifrar películas que carecen de progresión argumental, que exponen la disolución de la categoría de personajes tal y como la conocemos. Fontán nos proporciona la ocasión de experimentar la imagen en nuestro cuerpo y de encontrarnos con la materialidad de la imagen misma para observar cómo (la) percibimos.

¿Qué significan entonces las islas en el "Ciclo del río" de Gustavo Fontán?

En primer lugar, me he propuesto aquí caracterizar algunos de los rasgos peculiares de lo "poético-cinematográfico": aquello que sugiere, una experiencia sensorial intensificada, la oportunidad de contemplar, un estado de visión febril. Es lo que nos permite multiplicar las posibilidades de la mirada y las del oído —a través de esos ojos abiertos que son nuestros oídos precisamente—; aquello que nos (con)mueve y nos afecta desde el margen inefable de las imágenes visuales y sonoras. Como lo poético es indecible e indescriptible, cada una de las películas de Fontán actualiza o caracteriza los contornos de lo poético-cinematográfico. Cada una exhibe, en su singularidad, los componentes poético-cinematográficos dentro de esa dimensión de imágenes. En esto suscribo (como ya lo había hecho anteriormente) a las observaciones de David Oubiña sobre el cine de Abbas Kiarostami: "Si fuera posible determinar un rasgo fundamental de lo poético-cinematográfico, habría que buscarlo en aquellos lugares donde la imposibilidad de trazar en la imagen, un acuerdo entre toma y concepto, haría inútil esta distinción" (*Filmología* 179). ¿Y no es, acaso, la indeterminación una dimensión de la existencia, quizás el único rasgo estable de nuestra relación con el mundo?

En segundo lugar, si mi propósito es correcto al presentar algunas de las distinciones que constituyen lo poético-cinematográfico, encuentro en la filmografía de Fontán, fundamentalmente ubicada en el Delta del Paraná, una suerte de advertencia de que lo viviente, *nascor*, va progresivamente siendo sustituido por el *morior*. En este capitalismo tardío estamos asistiendo a la prueba de la destrucción real de nuestro mundo: el medio ambiente severamente degradado y sobreexplotado, la adopción continua de políticas extractivistas y/o de negocios inmobiliarios, las migraciones forzosas, la creciente sensación de intemperie y precariedad de nuestras vidas (*El día nuevo*, *El limonero real*, *La deuda*).[15] Con Fontán nos encontramos ante una mirada movilizadora. Sus películas son imperativas porque nos instan a ver y escuchar, a ser capaces de entrar en con*tacto* con lo que vemos/oímos, a no esperar cierres tranquilizadores, sino a experimentar la materialidad del mundo. Esa materialidad nos suscita un modo de conocimiento corporal a través del cual nos detenemos en lo frágil, lo discreto, lo tenue: el desmenuzamiento de un pescado, el desarmado de un bote madera a madera (*El rostro*), el pastar de un caballo, la zambullida de un hombre sufriente sumergido en el agua perforada por la luz solar (*El limonero real*). En definitiva, son películas que propician un encuentro sensible y emotivo con el mundo y, aquí en particular, con el ecosistema del Delta del Paraná y sus singulares características bio-geográficas. Al invitarnos a ver y sentir/experimentar la vida en uno de los hábitats ecológicos más frágiles a proteger, estas películas nos animan a sentir y pensar como un instrumento decisivo para la supervivencia colectiva porque, en definitiva, comprendemos que nos movemos atravesados por un estado de vulnerabilidad permanente; comprendemos que somos afectados por el mundo como cuerpo vivo en situación de emergencia eco-social.

Los filmes de Fontán nos sacuden, nos asombran, y ese asombro nos traspasa, nos con-mueve. Al no ser asediados por una velocidad rápida de los planos (lo cual no significa que no haya planos breves en su filmografía), el *tempo* de su cine nos invita a contemplar (ver y escuchar prestando atención). Son filmes donde no hay gestos imponentes ni estridencias ni imposiciones de causas y consecuencias o clausuras propias de la ficción estándar o tradicional, donde hay tiempo para apreciar iridiscencias, contornos borroneados, presencias, opacidades, instantes fugaces; para valorar, sin parasitismos ni excesos, el pudor con que nos entrega cada imagen. La poética de Fontán es la de la sutileza y la sensibilidad en un mundo feroz.

---

15. Véase el capítulo V que aborda *La deuda*.

CAPÍTULO IV

Variaciones del agua y lo sólido.

"Trilogía del lago helado": *Sol en un patio vacío,* *Lluvias* y *El estanque*

Benditos sean los instantes, los milímetros
y las sombras de las pequeñas cosas,
aún más humildes que ellas!
Fernando Pessoa, *Libro del desasosiego*

En todo lo real estamos más cerca del arte
que en los oficios semi artísticos e irreales como el periodismo,
casi toda la crítica y las tres cuartas partes de aquello
que se llama o dice llamarse literatura.
Rainer Maria Rilke, *Cartas a un joven poeta*

Hay una frontera difícil de describir en los sonámbulos,
viven en la rasgadura del hielo y desde allí hablan.
Y lo que quieren es hablar, continuamente;
que las palabras no cesen jamás.
Gustavo S. Fontán, *El lago helado*

EL TÍTULO ALGO MISTERIOSO de *Trilogía del lado helado* apunta al motivo de la *rasgadura* (término usado por Fontán) que atraviesa los films que componen esta trilogía y el relato de un sueño en el que el hielo está a punto de resquebrajarse y engullir a alguien que piensa en abalanzarse sobre él[1] y, principalmente, remite tanto a los inclasificables textos de *El*

---

1. Véase el capítulo V sobre *La deuda.*

lago helado de Gustavo Fontán y *Manual para sonámbulos* de Gloria Peirano
(ambos incluidos en un solo volumen), como al sonambulismo de esta escritora, coguionista y compañera del director. El hielo que puede ceder señala
un estado de precariedad e inminencia. En rigor, la rasgadura (del hielo) es
una figura que aparece en casi toda su filmografía: lo inestable del mundo,
esa superficie sensible que puede agrietarse en cualquier momento, pero también es lo incomprensible, lo inesperado (una forma, un color, un desborde
de algo) y aquello que, en definitiva, nos mira abismalmente y nos interpela
porque pone en juego la potencia perturbadora del cine (de *una forma* de
hacer cine). El título asimismo sorprende porque frente a los cursos de los
ríos y las corrientes que surcan tantos de sus filmes aquí la imagen núcleo de
los textos de Fontán y Peirano es la del agua inmovilizada por congelamiento,
solidificada. Un contrapunto sugestivo, como se verá.

Se trata nuevamente de la experiencia perceptiva, aunque se podría decir
que esta vez nos encontramos con una suerte de "percepción sonámbula"
compuesta de tres movimientos: *Sol en un patio vacío* (2015), *Lluvias* (2017) y
El estanque (2017). Como pertinentemente sostiene Eduardo Russo "el cine
[en Fontán es] arte del movimiento de una mirada" (6). Y añade que:

> La *Trilogía* participa de una forma cinematográfica que comparte rasgos
> con el diario filmado y el ensayo cinematográfico. Su lógica hace funda-
> mentalmente a la captura del acontecimiento portador de una reserva
> de sentido, en las dos acepciones del término: reserva como *acervo* y
> también como *reticencia*. (6)

Si bien hago la salvedad de que etiquetar a Fontán constituiría un desacierto
dado que sus realizaciones prescinden del contrato de legibilidad genérica que
las encuadraría en un rótulo unívoco y de que su cine rehúye los protocolos
propios de lo *mainstream*, aquí Russo echa mano de categorías que se alejan
precisamente de lo *mainstream* como "ensayo cinematográfico". Quizá lo más
aproximado a una definición de la práctica que lleva a cabo Fontán sea la de
filme-ensayo donde lo relevante es, como bien sostiene Arlindo Machado,
"[...] lo que el cineasta hace con [sus] materiales, cómo construye con ellos
una reflexión rica sobre el mundo, cómo transforma todos esos materiales
inertes y en bruto en experiencia de vida y pensamiento". No hay "registro
inmaculado de lo real, sino un proceso de búsqueda e indagación conceptual"
("El filme-ensayo" s/p). En definitiva, de lo que se trataría cuando se habla de
ensayo-cinematográfico o filme-ensayo es de filmar lo que la mirada abre en
el pensamiento.

Como espectadores estamos formateados por la certeza de que la imagen siempre va a brindar un suceso significativo; cada uno de ellos encadenado al siguiente (una cronología), un ir hacia adelante que intenta provocar una atención constante de nuestra parte y que nunca debe ceder. Esos *plot points*, se supone, aseguran que jamás decaiga el interés a través de ese preciso encadenamiento. Una teleología permanente: acostumbrados a una narratividad canónica o estandarizada (una trama bien elaborada, casi siempre vinculada al realismo hollywoodense) con peripecias que responden a un orden de causa y efecto, oposiciones binarias, suspensos argumentales, con un final reconciliatorio que clausura el sentido y que satisface o sacia, apaciguándonos, tanto nuestro mirar como nuestro escuchar.[2] Por ser ajeno a las tipologías convencionales, el cine de Fontán se sale de ese cauce (provoca un sismo) y se convierte en experiencia de la sensibilidad y sensibilidad de la experiencia. Nos quiere creadores, no espectadores: desde la libertad con la que filma, Fontán plantea un universo audiovisual emotivo que es aprendizaje para el ojo y el oído.

En su estudio sobre la experiencia poética del límite de la existencia en el *Libro del desasosiego* de Fernando Pessoa, María Cecilia Salas Guerra sostiene que "[...] hacer una experiencia es estar en camino hacia algo que desde sí mismo nos demanda, nos llama, nos toca y nos requiere; nos transforma" ("El desasosiego de Fernando Pessoa" 57). Hago mías las palabras de Salas Guerra para transferirlas al cine de Fontán porque precisamente sus realizaciones nos invitan a hacer experiencia, una experiencia que es transformadora, en la que hay una demanda que nos concierne al exponer nuestros sentidos a la materialidad del mundo, y al exponernos al modo en el que lo efectúa, nuestra percepción se ve trastocada, como si Fontán nos dejara en un lugar nuevo, desconocido. Sus imágenes tiemblan y nuestras miradas (nuestros cuerpos) se estremecen. Indagación y vivencia sobrecogedoras ante unas imágenes visuales y sonoras que horadan los ordenamientos audio-escópicos

---

2. La mutación del cine parecería anclar en la singularidad que aportan algunas y algunos cineastas. Pienso, por ejemplo, en la estadounidense Kelly Reichardt, cuyos filmes ostentan una peculiar sutileza suscitada por la exploración poética que los distingue. Entre otros, véanse *Meek's Cutoff* (2010) y *First Cow* (2020). Pienso, también, en el chileno Ignacio Agüero cuyo interés recae cada vez más en trabajar las posibilidades de la forma (no en contar algo), en el ritmo del tiempo presente y en la "divagación" como modo de conocimiento.

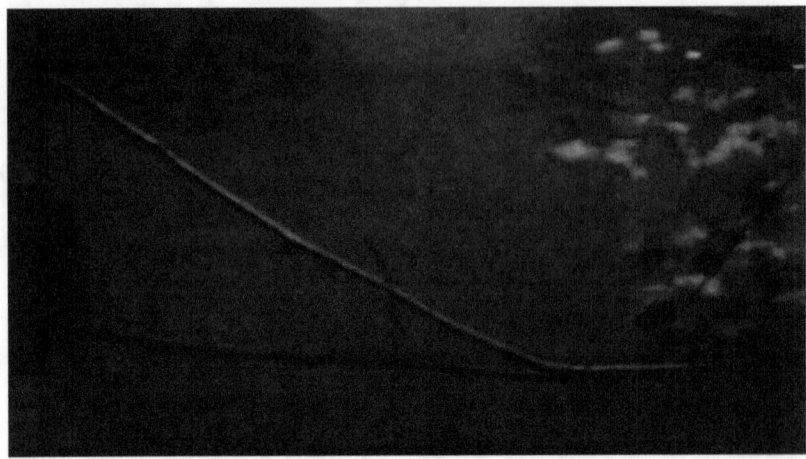

Figura 4.1. Fotograma de *Sol en un patio vacío*.

hegemónicos. Los materiales del cine se moldean de otro modo: en la *Trilogía* la matriz es pictórica y poética (en vez de narrativa).

Una mirada que recala, en cada momento, en aquello que la deslumbra. Se exhibe esa mirada deleitada ante los contornos difusos de las cosas o ante lo inusitado de una forma o una luz (un sol pintor) que cae sobre unas hojas meciéndolas, y lo que logra esta mirada es que quedemos asombrados (incluso boquiabiertos) nosotros también. Fontán filma la impermanencia (rasguños de luz que resisten o que van apagándose). Lo Real se presenta tembloroso. Poética de lo inconcluso como si filmar fuera una forma de tomar apuntes (o quizás sea, efectivamente, un "diario filmado", un flujo errático, como en *Lluvias* con sus entradas de días y meses precisos y también las que carecen de fecha). Mirar y filmar lo contiguo. Lo cotidiano ingresa en otra dimensión. Hasta podría decirse que filma lo infra-ordinario que se vuelve, a través de esa mirada, en algo extra-ordinario. El *leitmotiv* es el agua que se manifiesta de modos diversos (lluvias, charcos, un riachuelo, un río, una laguna, el mar) y la luz siempre interviene para mostrarla u ocultarla, para mostrar u ocultar su intensidad, sus trazos, sus formas, su rabia, su elegancia. Incluso, entre unas ramas peladas y las hojas de una planta o un árbol, Fontán llega a crear una atmósfera acuática como si esas ramas u hojas fueran la materia sumergida pero flotante en un río de aguas amarronadas y tintes verdosos.

En *Sol en un patio vacío* hay un viaje en auto por una ruta en el que las escobillas se inmovilizan y dejan de barrer el parabrisas con lo cual la lluvia

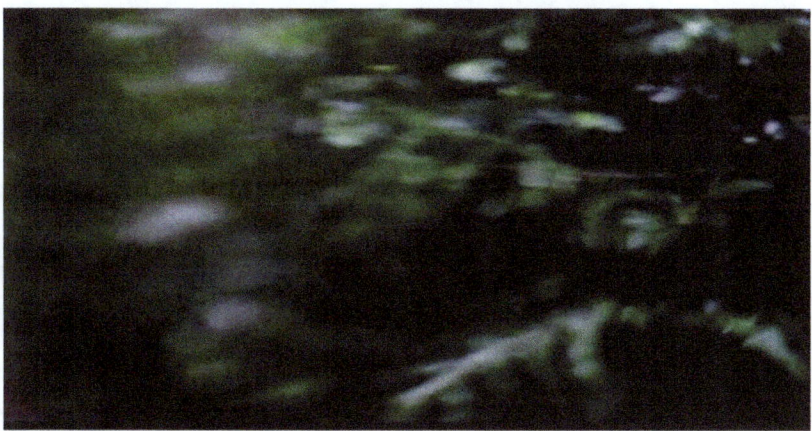

Figura 4.2. Fotograma de *Sol en un patio vacío*.

copiosa le otorga a lo sólido (la ruta, otros autos, el pasto y los árboles de los costados, los camiones, los postes, los cables) un movimiento inusual; olas minúsculas ascendentes sobre el parabrisas producidas por el movimiento del auto mismo y el viento. Las líneas se desvanecen y arman formas ondulantes. Vemos lo sólido moverse con contornos nuevos, suaves, como si eso que es cuerpo estable se fuera deshaciendo, diluyendo (una fuga de sí mismo), y fuese convirtiéndose en fluido de distintos colores. Lo sólido se ha visto traspasado por la indocilidad del agua.

Destaco otro momento de este mismo film: un viaje en subte enrarecido por el desenfoque de las estaciones con sus kioskos de diarios y golosinas, de las manos que sostienen la cámara misma reflejadas en las ventanillas, de algunos rostros de otros pasajeros (todo registrado con una cámara fotográfica de baja resolución, una cámara primitiva Kodak compacta) hasta que ancla en la abstracción con verdes fosforescentes y con movimientos como de enjambres para luego desembocar en una especie de *Lilas* (1872-1873) de Claude Monet (1840-1926) o en su serie de *Nenúfares* en estanques (que pintó en sus últimas tres décadas). El procedimiento es similar: un acercamiento a la abstracción a través de la eliminación de la línea y la difuminación de los contornos, pero con una imagen sonora que rarifica aún más la visual y que en su indeterminación nos sugiere algo del orden de lo poético.

"Imágenes estremecidas" (12), afirmaba Russo, que efectivamente nos con*mueven*; materialismo poético intensificado por un sonido ¿cósmico? ¿galáctico? que acentúa el devenir de lo real, en estado de flotación. Escribí "desembocar" puesto que es un pasaje de paisajes como acuarelados. Y esta remisión a Monet puede conectarse, quiero sugerir, con lo que él mismo pretendía: *pintar el aire*; donde otros pintaban una casa, un puente, un barco, él deseaba pintar el aire en el que se encontraban esa casa, ese puente, ese barco. ¿No es, acaso, una búsqueda similar a la de Fontán? ¿Filmar-pintar el aire en el que habitamos junto a las cosas y todo lo viviente? Creo encontrar en Fontán lo que sostenía Jean Renoir: "Le cinéma est fait pour créér un pont". Su filmografía está escandida por esos puentes a los que aludía el cineasta francés. Algo no desdeñable en estos tiempos de lógica inmóvil del espectáculo-entretenimiento y ganancia rápida. La baja resolución de la cámara en *Sol en un patio vacío* suscita enrarecimiento, pero ¿no es así como vemos? Apenas fijamos la vista el entorno se vuelve fuera de foco, borroso; "el cine [en Fontán es] arte del movimiento de una mirada", como asevera Russo, pero siempre pensando que somos, en el mejor de los casos, un tanto miopes, que siempre hay resistencia y reticencia en el acontecer y en las cosas. Fontán no filma para que le sea revelado un enigma o un secreto, sino para constatar la tenaz incertidumbre que es propia del mundo.[3]

Esta trilogía se ajusta a lo que Oubiña observa en la filmografía de Chantal Akerman: de lo que se trata en los trabajos de la directora belga es "[...] de la frontera entre lo filmable y aquello que no merecería (que no debería) ser filmado" (*Filmología* 49); "[...] películas que se enfrentan al dilema de casi no ser películas" (47). O, quizá, como Fontán mismo sostiene: "una película que hable como los sonámbulos, 'un continuo nocturno y ciego que nadie sabe bien qué es'" (*El lago helado* 46).[4] Pero no se trata de filmar lo que puede ser pensado como irrelevante sino de que entendamos el cine de Fontán como una práctica abierta que va desde el territorio indecidible en cuanto a género se refiere pasando por la documentalización de una mirada hasta "[...] la relación con la materia, la bienaventuranza del tacto, el reconocimiento de los sonidos, la apreciación morfológica de las cosas y la combinación de todos y todo en el espacio [que] son cuestiones centrales de la vida consciente y, por lo tanto, [de su cine]", como bien apunta Roger Koza ("La vida lúcida" 18). En otras palabras, su cine intenta reconfigurar el espacio de lo sensible,

---

3.   Adhiero a (y retomo) lo que advierte David Oubiña en el cine de Kiarostami ("Algunas reflexiones" s/p).

4.   Fontán cita aquí a Gloria Peirano de su *Manual para sonámbulos*.

proporcionar conocimiento perceptual y, por ende, suscitar emociones con capacidad cognitiva.

Ya afirmé que Fontán es una suerte de *haijin*.[5] Para Vicente Haya, especialista y traductor de esta forma poética, "un haiku es una instantánea de la realidad. El haiku no transforma el mundo; te pone en contacto con él, te lleva a él, te introduce en él" (31). Matsuo Bashô (1644-1694) lo discernía como "simplemente lo que está sucediendo en este lugar, en este momento" en "hondo diálogo con la vida" (cit. en Pérez Goiri 49). "El haiku es captar las relaciones entre los seres" (Haya 35). Cualquier definición que se pretenda integradora o definitiva fracasa en su tentativa dado que el haiku escapa a toda clasificación rotunda o terminante porque es "inconmensurable e indefinible" (Pérez Goiri 49), y esto es así porque lo real no se singulariza por su transparencia, sino que siempre es portador de opacidad y resistencia. Fernando Rodríguez Izquierdo sostiene que "el haiku pone el énfasis en una unidad de percepción surgida a partir de una percepción sensorial en la cual todas las cosas se unifican en [...] un nexo de esencia" (24). Para él también el haiku es poesía de la sensación. O podríamos decir sinonímicamente que se vincula al *afecto* como experiencia del presente (afecto entendido como inmanente a la experiencia), lo que nos conecta con el mundo. En definitiva—y como había sostenido anteriormente—, "[e]l arte nos abre al universo no humano del cual formamos parte" (O'Sullivan 128). La imagen cinematográfica como aventura de la percepción de un mundo vivo, de una materialidad expuesta en su indescifrabilidad, pero también con sus consistencias, sus formas, ya que las relaciones entre los seres no suelen ser penetrables o visibles.

> Afectación y emoción [*aware*] [que se producen ante] la presencia de un suceso del mundo, en la pura conciencia del asombro [...]; acontecer que desborda todo intento racional [y que] *alberga un latir de lo inconmensurable*. Es el desenvolvimiento del mundo, su desplegarse como existencia, todas las relaciones que acontecen al mismo tiempo y tejen su infinitud. (Pérez Goiri 553; la cursiva me pertenece)

Es el carácter relacional del acontecer lo que recoge Fontán en su *Trilogía*; un palpitar del mundo, el impulso de la vida con sus vibraciones sensibles: un patio y una silla vacíos escoltados por el verdor de numerosas plantas; un

---

5. Véase el capítulo III y la definición de *mono no aware* aportada por Motoori Norinaga (1730-1801).

viaje en auto y lo que la lluvia dibuja sobre el parabrisas; unos pies descalzos
de alguien que baldea un patio, la espuma que corre sobre unas baldosas rojas;
sombras y luces que forman dibujos en una pared; el sonido repiqueteante de
un aguacero; unos pinos y sus ramas acunados por el viento; dunas, olas que
rompen y una mujer sola que camina por una playa; el movimiento de man-
chas de luz sobre unos árboles; el lento desplazamiento de unos camalotes;
los troncos oscuros de un bosque; una mujer anciana desesperada que pide un
calmante y a los tres días muere; los pasos (y el trabajo) de una mudanza; un
niño (el hijo del cineasta) que baila (filmado por su padre); edificios en construcción y cuerpos de obreros en plena tarea acompañados por los sonidos
propios del trabajo, con sus herramientas y máquinas; un hombre ya mayor
(el padre del cineasta) internado brevemente y las preguntas que el hijo se
formula; un ave que picotea la cabeza de un pescado; un zoológico; reptiles,
felinos, peces; un puente y el traqueteo de autos y medios de transporte; un
río y sus sonoridades.

El encadenamiento de las escenas, episodios discontinuos o constelación
de fragmentos de lo real (formas breves) en *Sol en un patio vacío* operan—
como en toda la trilogía—por acumulación, puntuados por fundidos a negro
y por el sonido delicado como de un timbre o una campana. La urdimbre es
poética y pictórica (tela o lienzo y ritmo); la conexión, secreta, misteriosa. En
este y en muchos de los filmes de Fontán (como una de sus señas particulares),
los efectos lumínicos del sol sobre las hojas de plantas, árboles y cuerpos en
un entorno diurno nos remiten también a otro pintor impresionista: Pierre-
August Renoir (1841-1919) en su *Baile en el Moulin de la Galett* (1876). La
luz que danza se entromete y se divide sobre el follaje; un juego de luz, colores y formas. Esos efectos lumínicos que intenta atrapar Fontán apuntan a lo
fugitivo de la existencia en su doble aspecto: lo fugitivo por lo inasible (en
el orden de lo espacial) y lo fugitivo por lo efímero (en el del tiempo). Una
apuesta a la aparición de lo contingente e impredecible que irrumpe en el
entramado cotidiano de lo real (lo acontecimental).

En otros momentos de la diversidad de sus imágenes-territorio (casas y
departamentos, jardines, rutas, playas, bosques, etc.) que pueblan *Sol en un
patio vacío*, y cuyos sonidos, en general, a la par de los naturales que se solapan,
son de origen indeterminado, se observan, de nuevo, abstracciones, pero esta
vez más cercanas a las series de Mark Rothko (Markus Yakovlevich Rothkowitz,
1903-1970) que él inicia en 1947. Son sumamente conocidos sus rectángulos
verticales en donde investiga y trabaja con la "pintura de campos de color"

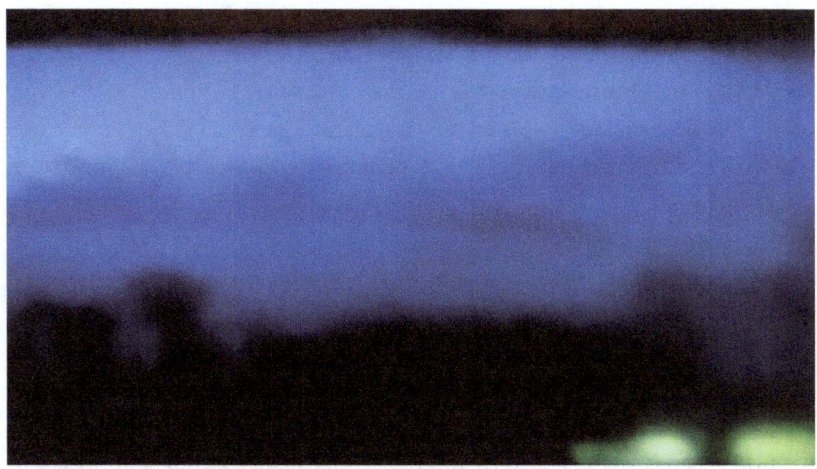

Figura 4.3. Fotograma de *Sol en un patio vacío*.

[*color field painting*] con bordes desdibujados. Después de ver dunas, arena, una playa en la que camina una mujer sola y escuchar el estruendo de las olas al romper, en *Sol en un patio vacío*, por corte a fundido a negro se da paso a una tormenta con sus truenos que cinemáticamente se resuelve como si fuera una de las telas de Rothko, con su color naranja apagado y gradación de azules en la parte superior y un verde en la inferior. Para el pintor nacido en lo que hoy es Latvia, la pintura no representa experiencias, sino que ella se constituye en sí misma en una experiencia del orden de lo afectivo. Con Fontán surge una especie de Rothko nuevo: móvil y sonoro; la tormenta en un escenario citadino se ha *rothkeado*, dado que para este pintor observar debe comportar una actitud atenta y osada, porque, en definitiva, la experiencia es la malla de sentido(s) que somos capaces de concebir ante lo acontecimental de la imagen (el espectador-creador).

Las imágenes de este filme en particular, y de la trilogía en general, se presentan como territorios urbanos, marítimos, boscosos, orgánicos, inorgánicos, íntimos, etc. (un trabajo topológico que se entiende como *recorrido*) que establecen vasos comunicantes con lo pictórico y/o lo poético, pero desde lo perceptivo y lo sugerente.[6] Nos encontramos frente a una rica experi-

---

6. "Se entiende por territorio el espacio apropiado por un grupo social para asegurar su reproducción y la satisfacción de sus necesidades vitales, que pueden ser materiales o simbólicos" y "[esa] apropiación supone productores, actores y

mentación intermedial (lo musical, lo poético, lo literario, lo pictórico).[7] En la lectura que efectúa Mariana Rodríguez de *Supervivencia de las luciérnagas* de Georges Didi-Huberman (alineado con Walter Benjamin y Aby Warburg), ella sostiene que "[l]as imágenes [...] resurgen para dar ocasión a que el sujeto pueda inquietarse y salga, a su vez, de la postración a la que se ve conminado por la cegadora claridad de las *grandes luces*. Las imágenes tienen, entonces, un carácter de actualidad" (Rodríguez 65; énfasis en el original). Las de Fontán son imágenes luciérnaga que nos inquietan, que nos afectan, con sus minúsculos fulgores; pequeños destellos en tiempos sombríos. Pero, sobre todo, porque son imágenes que nos permiten ejercitar "el juego dialéctico de la mirada y la *imaginación*" (Didi-Huberman, *Supervivencia* 50; mi énfasis).

En *Lluvias* y *El estanque* hay una conexión entre imágenes visuales y palabra poética en la voz del propio Fontán, voz que engarza los *bloques de sensaciones* que vamos viendo y escuchando. Una lógica de diario (*Lluvias*) que aparece con sus tiempos y entradas a través de placas que las marcan. La contemplación unifica las tres piezas de la trilogía. Como cabalmente asevera Molayoli: "La lente de Fontán es microscópica. No registra la acción, sino el tiempo. No el cuerpo, sino el gesto. No la fuente de luz, sino su efecto, como testimonio de la impermanencia" ("Alrededor de las cosas" s/p). Desde su propio gesto poético y político Fontán piensa en un espectador-creador, activo, como parte de un proceso de des-domesticación: la mirada de un

---

'consumidores' del espacio, como son entre otros el Estado, las colectividades locales, las empresas, los individuos, etc. [...]" (Giménez, "Territorio e identidad" 9). Según Giménez "[El término paisaje] ha cobrado una nueva actualidad después de un largo eclipse [...][:] el concepto de paisaje [se entiende] como *traducción visible* de un ecosistema [y] el interés de la geografía cultural por la *percepción vivencial* del territorio [...] ha conducido al redescubrimiento del paisaje como instancia privilegiada de la percepción territorial, en la que los actores invierten en forma entremezclada su afectividad, su imaginario y su aprendizaje sociocultural" ("Cultura, territorio y migraciones" 9; énfasis en el original). En todos estos sentidos, el espacio tiene una posición de anterioridad respecto del territorio. También el siguiente nivel pertenecería al de los *territorios próximos* "que de alguna manera prolongan la casa: el pueblo, el barrio, el municipio, la ciudad. Se trata del nivel local, que frecuentemente *es objeto de afección y apego*" ("Territorio e identidad" 12; la cursiva es mía).

7. "No hay ningún arte que no tenga su continuación o su origen en otras artes" (Deleuze, "Le cerveau c'est l'écran" 28).

cineasta-poeta o de un poeta-cineasta-pintor que le abrirá las puertas al espectador para que descubra y pueda completar (producir, crear) algunos de los sentidos posibles. Esta es la razón por la cual no hay en su cine lo que él observa en las imágenes actuales de lo *mainstream*: "La obstinación por el subrayado y el direccionamiento totalitario de la emoción [...]" (Fontán, "La casa del cineasta" s/p). Su cine es apertura y con*tacto* para hacer experiencia con el azar y establecer relaciones entre instantes (intervalos) y por esto mismo su cine es resistente. Freud afirmaba que "todo niño que juega se comporta como un poeta, pues se crea un mundo propio o, mejor dicho, *inserta las cosas de su mundo en un nuevo orden que le agrada* [...]. Lo opuesto al juego no es la seriedad, sino la realidad afectiva" ("El creador literario y el fantaseo" 127; el énfasis es mío). Esta afirmación nos impulsa a pensar en que, efectivamente, lo que logra Fontán consiste en asir fragmentos o retazos de mundo e insertarlos en un orden (encuadre, movimientos, colores, luces) que le agrada y nos lo transmite. En *Lluvias*, un film escandido por vientos y aguaceros, se trata de un transcurrir que es interrumpido por el ocurrir (el acontecimiento que irrumpe): como en el caso de Delia, una vecina anciana, que llama inesperadamente a la puerta del departamento del cineasta con la necesidad de que le ofrezcan un Rivotril. Desesperación, ansiedad. Su muerte acaece tres días después. Vemos a Delia parada en el umbral del edificio (a través de una foto). Una última visión de ella con vida. Alguien después se lleva cosas de su casa. Y el cineasta luego deviene los ojos de Delia en el sentido de que, después de obtener acceso a su departamento, se sitúa en la ventana y mira desde donde lo hacía ella misma: intenta ver lo que ella veía.

Toda la trilogía, pero fundamentalmente *El estanque*, se entronca con el sonambulismo a partir de *Manual para sonámbulos* de Gloria Peirano. Esta película constituye una suerte de sucesión de meditaciones sobre ese peculiar estado.[8] La voz en *off* (la materialidad de la voz de Fontán) cuenta que Gloria sueña con niños que patinan sobre un lago congelado y pasan por encima de la *rasgadura* del hielo (su voz nos dice: "[...] el hielo puede romperse, el hielo va a romperse; primero se quebrará, nadie se va a dar cuenta; seguirán patinando;

---

8. La persona sonámbula está dormida y sueña, pero se desplaza, mantiene los ojos abiertos y habla; es, al mismo tiempo, dueña y no de las palabras que emite. Hay un tránsito tanto en el espacio como en lo que dice pero, sin embargo, paradójicamente, quien se mueve y habla no se encuentra allí (aunque no se sepa exactamente dónde). Se sabe que no hay que despertarla porque al hacerlo se produciría un daño, quizá del orden de lo irreparable.

todo el sueño transcurre en ese lapso antes de que el hielo se astille y se frag-
mente y un niño caiga en el agua helada y muera"). Luego, ya fuera del sueño,
en un viaje en auto hacia el campo, por camino de tierra, aparece un niño que
formula una pregunta y lleva un hacha con mango rojo; posteriormente, ya
en la ciudad, aparecen una construcción, maquinarias, un barrendero; se relatan brevemente otros sueños de Gloria: en uno de ellos hay un estanque con
plantas acuáticas en medio de una avenida vacía y una mujer con una malla
blanca con cicatrices en la espalda ("finísimas, como líneas de acuarela roja", se
dice); después se ven muchos perros de distintos tamaños y colores al costado
de una estación central de trenes; la construcción de una parte de la propia
casa en la que conviven cineasta y escritora; un viaje ¿en micro?¿en auto? ¿en
qué medio de transporte?, en donde la imagen acelerada produce irreconoci-
bilidad del afuera; una lámina de nylon que cubre una parte alta de la casa en
remodelación flota con el viento y despliega un sonido poético ("Gloria dice
que la obra sin terminar es el lugar del viento") y hay ramas y hojas cuya entonación producida por la correntada entabla diálogo con ese plástico transparente y flotante; agua y juncos; bruma en un lago o río; un puente, el barrio
de La Boca, el Riachuelo (un riachuelo estetizado, con aguas que se deslizan
suavemente, con movimientos delicados); focas y un ave que picotea un trozo
de pescado; el mar desde un muelle (un fundido a negro y con sonido amplificado: el agua como torrente, olas que rompen; el rumor del agua marina
cede a una lluvia copiosa, truenos, vientos; luego sobreviene la calma y un
sonido indeterminado, profundo (algo del orden de un ulular enrarecido).
¿Todo esto son esbozos de los sueños de Gloria Peirano? ¿Recuerdos? ¿O
es una muestra del modo en el que se puede desautomatizar (descolonizar)
nuestra mirada entrenada y regularizada por formatos que responden a una
sucesión del tiempo, pautado por suspensos y enigmas, un código narrativo
que tiraniza, contrario a todo poder emanado de la sugerencia, el murmullo,
el silencio, la disyunción proteica entre imagen sonora y visual?

Los sueños sonambúlicos de Gloria se relatan con ausencia de mostración
indicativa: nada en la imagen remite directamente a ellos (no hay ilustración
o duplicación de la imagen respecto de esos mínimos relatos). Me refiero,
por ejemplo, a que, hacia el final de *El estanque*, en un contrapunto de imágenes abstractizadas y un rostro de alguien fuera de foco que se lo tapa con
sus manos, la voz en *off* asevera: "Los sonámbulos tienen los ojos abiertos
pero no ven como cuando están despiertos y suelen creer que están en otras
habitaciones de la casa o en sitios diferentes. Tienen los ojos como los de los
zorros en la nieve: están dentro del mundo, pero están fuera del mundo". El

cine de Fontán nos ofrece la posibilidad de mirar con ojos (y oídos) fuera del mundo narrativo convencional con su sintaxis saturada de peripecias y resoluciones de conflictos en función de sosegarnos (la *netflixación* del cine) para que, en contraposición, podamos observar el tiempo independizado del relato sin la obligatoriedad de llevar adelante un suceso. Nos hallamos frente a un cine austero de formas breves y, a la vez, muy estimulante que, en contra del mayoritario, se caracteriza por una búsqueda encarrilada siempre hacia la protección de lo poético. En varios momentos de *El estanque* hay voces de mujer (¿la de Gloria Peirano?), cuyas palabras, melodiosas y tranquilas, permanecen indistinguibles, dichas como desde un fondo que puntúan el filme poéticamente, como si fueran un susurro, un cuchicheo, un dulce rumor. Al respecto, Pérez Goiri sostiene:

> [...] La imagen cinematográfica como *vislumbre*, como un destello de la percepción, o como en el cine de Jonas Mekas, un *vislumbre de belleza*, fragmentos del paraíso no perdido aún, sino presente entre nosotros como iluminación del instante, un momento epifánico que no es ya narración, ni representación, ni registro, ni actualidad, sino un tiempo del origen, es la revelación, concluye Víctor Erice, de una vida que se vive, un ojo que se ve. (553-54; cursiva en el original)

Para Stanley Cavell "la representación es una categoría inadecuada para pensar el cine (el soporte fotográfico mismo del filme no constituye una 'representación' sino más bien una transcripción de la realidad")" (*La projection du monde* 42; cit. en Marrati 35) y agrega: "El cine no representa nada; nos da en cambio a ver un mundo en el que estamos ausentes" (Marrati 96). En verdad, no puede haber representación cuando hay una poética que apela a la difuminación y el desenfoque de la materia filmada y con una imagen sonora por fuera de un realismo ramplón, una imagen sonora enrarecida que, en sí misma, es despliegue de sentidos.

Puede afirmarse que el cine de Fontán trabaja con la imaginación amplificada como fuerza de transformación, no como representación. Se constituye en un "aparato de pensamiento" porque abre un afuera, es decir: interrumpe un cierto continuo. Fontán no opera como si la realidad estuviera afuera, atraviesa lo Real (la dimensión de la sensibilidad de lo corporal). Lo real horada, abre una dislocación en la realidad. Si se piensa en el cine monumental hollywoodense vemos que hace lo imposible para reducir el gesto de la imagen a pura representación o, en otras palabras, imposibilita con tenacidad consecuente el devenir *gesto* de la imagen. Pero de lo que se trata es de abrir, precisamente,

Figura 4.4. Fotograma de *Sol en un patio vacío*.

la imagen al terreno del gesto, es decir, el gesto entendido como aquello que
rompe con lo protocolizado y con la narrativa dogmatizada, que desestabiliza
los ordenamientos audio-escópicos dominantes. La cinematografía de Fontán
atestigua. ¿Y qué es lo que ve y escucha como testigo? Aquello que, por ejemplo, los aparatos de poder y mediáticos no "ven" cuando aseveran "esta es la
(única) realidad de las cosas".[9] Su cine, entonces, quiero sugerir, se presenta
como modo de aprender a ver y a escuchar. Para Fontán abrir el gesto es tanto
despegarse de la lógica anestesiante e inmóvil del entretenimiento (y su rentabilidad) como abrir el ritmo que es el afuera, la potencia de lo vivo como
tal. La vida como abertura; la *ritmicidad* de una forma: esta *Trilogía del lago
helado*, por ejemplo. Si se la sustrae (esa ritmicidad), estamos ante imágenes
anquilosadas, calcificadas. Por lo tanto, al abrir el gesto, el cine de Fontán se
constituye en despetrificación, ritmo y potencia.

---

9. Fontán se hace eco de que lo Real tiene carácter topológico (lo no medible y
   opuesto a los binarismos), un carácter que no tiene lugar en la representación
   del monumentalismo (la imagen monumentalista) hollywoodense, dado que este
   aparato de producción simbólica no trabaja con la dimensión *topológica* sino con
   la *cartográfica* (el mapa como objeto del poder que rastrea distancias, direcciones,
   ubicación de dónde está el enemigo, etc.). La dimensión topológica se encuentra
   anudada al interior de la cartografía pero es su punto ciego. Sigo puntualmente
   en esta diferenciación al filósofo chileno Rodrigo Karmy Bolton. Véanse *Intifada*
   (2020) y sus numerosas intervenciones hallables en internet. Hay ecos suyos en
   mis palabras.

CAPÍTULO V

___

Los condenados de la tierra

La deuda

UN SELLO DEL TRABAJO de Fontán consiste en trabajar con un
equipo exiguo, muy por fuera del número rimbombante del personal
de las grandes producciones. *La deuda* contó con un presupuesto
más abultado gracias a las productoras respectivas de Lita Stantic y Agustín
y Pedro Almodóvar ("El deseo") que apostaron al proyecto. No resulta tarea
difícil despejar la anécdota de *La deuda*: filmada enteramente en CABA (Ciudad Autónoma de Buenos Aires) y en el Conurbano (bonaerense), con guion
del propio Fontán y de la escritora Gloria Peirano, *La deuda* se suma a las
pocas realizaciones con secuencia narrativa como *Donde cae el sol* y *El limonero
real* (véase el capítulo III). Mónica (Belén Blanco) tiene que reponer una suma
de dinero que ¿sustrajo o tomó prestada? No se sabe. Dispone de catorce horas
(la tarde y toda la noche) para la recaudación de quince mil pesos. Inmersa en
el gran ajuste económico social neoliberal, se desplaza, para reunir esa suma,
por una ciudad espectral que parece funcionar sólo en virtud de transacciones
mecanizadas, utilitaristas. Pasará por un casino en donde la pincelada de azul
frío, como en casi todo el filme, se acentúa aún más. Se subirá, de madrugada,
a un tren repleto de trabajadores somnolientos, donde el sol entra como un
fulgor cósmico (una luz incidente) para luego ser escupidos desde ese tren en la
estación como muchedumbre anónima y así comenzar la jornada de trabajo en
la que sólo obtendrán como "recompensa" un salario magro por demás insu-
ficiente. Esa deuda eterna que se contrae cada día para sobrevivir y nada más
(nada más ni nada menos que la subsunción de la vida al capital).

La deuda del título no es una sola, la de una única persona, Mónica, aunque ficcionalmente apunte a ella; ese significante se expande, nos involucra
a todos y ahí está el final del filme para exhibirlo; es la deuda que genera

el capitalismo en su fase neoliberal. "Si no es la deuda individual", nos dice Maurizio Lazzarato, "lo que pesa literalmente en la vida de cada cual es la deuda pública, porque cada cual debe hacerse cargo de ella" (Lazzarato 44). Habitamos, por ende, el desierto que crece; nos movemos en la noche abismal.[1] Frente al Gran Acreedor Universal que es el capital todos somos deudores. ¿Es posible el reembolso? Es inimaginable. En lo extrafílmico, entre los años 2018 y 2019 el Fondo Monetario Internacional (FMI) le entregó al gobierno de Mauricio Macri (2015-2019) uno de los préstamos más exorbitantes de la historia de este organismo (cerca de 50.000 millones de dólares). Su gobierno tomó la deuda más gravosa e irresponsable de la historia argentina. No obstante, como sostiene Alejandro Galliano: "Sería mejor empezar a entender que el capitalismo como experiencia consiste en vivir el fin del mundo todos los días. Pensar el futuro hoy requiere pensar después del fin del mundo, porque el apocalipsis ya llegó y nosotros seguimos aquí" (*Por qué el capitalismo* 155). Dicho esto, el filme traza un recorrido hostil y, de muchos modos, intolerable, que va exhibiendo un escenario en el que las relaciones humanas, afectivas, se mercantilizaron. No es tanto el dinero el que circula— en verdad, el dinero, de un modo u otro, permanece sustraído a la visibilidad, se lo muestra muy rápidamente—, sino que es Mónica la que peregrina, errante en las sombras, como si la dirección hacia dónde se dirige nunca estuviera del todo clara. Podría ser uno u otro el destino.

Me interesa, en primer lugar, profundizar en ese escenario que implica un vivir en estado-de-deuda que no remitiría únicamente a la tomada obscenamente en los años del macrismo (presidencia de Mauricio Macri: 2015-2019). En el "Prólogo" de Diego Caramés y Gabriel D'Iorio al libro *Los espantos. Estética y postdictadura* de Silvia Schwarzböck se afirma lo siguiente:

> [...] lo que ganó, en Argentina, se impuso a sangre y fuego; lo que ganó se fraguó en el campo de concentración y desplegó sus corolarios (o, de otro modo, sus *espantos*) en las primeras décadas de vida democrático-parlamentaria. Enfrentar lo que queda de la dictadura, lo que queda de la derrota política, económica y social, es, en este sentido, enfrentar la *postdictadura*, las consecuencias económicas y existenciales de la derrota más sonora y profunda del pueblo, o de las formas de vida populares.

---

1. De hecho, "El desierto" (o "Siberia") fue uno de los primeros títulos barajados para el filme.

La primera y quizás la más importante y decisiva: la derrota de una vida en términos de verdad, en términos de un proyecto no gobernado por la lógica (triunfante) de la mercancía. (Schwarzböck 15; énfasis en el original)

Es *la vida de derecha* la que vence, se instala y nos atraviesa: "[...] para poder condenar al Estado por la desaparición sistemática de personas, antes que por la política económica a la que esas desapariciones sirvieron, la sociedad argentina, a partir de 1984, santifica *la vida de derecha*. La teoría de los dos demonios es una consecuencia directa de esta santificación [...] (Schwarzböck 41; mi énfasis). Y luego de las leyes de "Obediencia Debida" y "Punto Final" del alfonsinismo (presidencia de Raúl Alfonsín: 1983-1989) sobreviene la "seducción menemista" (presidencia de Carlos Menem: 1989-1999) que destruyó y neutralizó, entre tantas otras cosas, la actitud combativa de líderes sindicales. Baste el ejemplo de José Pedraza, Secretario General de la Unión Ferroviaria, quien en 1979 le hizo frente a la dictadura como uno de los organizadores del primer paro general contra ella y, en el 2010, además de su devenir empresarial, se convirtió en autor intelectual del asesinato de Mariano Ferreyra, militante del Partido Obrero, que defendía los derechos de los trabajadores ferroviarios tercerizados (Schwarzböck 92). Los cómplices máximos, los grandes grupos económicos y la jerarquía de la Iglesia (Schwarzböck 92)—hablo de la dictadura cívico-eclesiástico-empresarial-militar—jamás fueron juzgados. El menemismo aceleró lo abierto por las leyes promulgadas durante el alfonsinismo; no sólo indultó a los comandantes como complemento de tales leyes sino que consumó el proceso de desindustrialización y desmantelamiento del Estado que ya se encontraba planteado en pliegos en los últimos años de la dictadura (Schwarzböck 92-94). La utopía de la movilidad social y la práctica política que postuló la "justicia social" culminan en 1976. Según Alejandro Horowicz, el golpe inaugura una nueva forma de Estado:

Entre tantos trágicos retrocesos, el 76 primero y la reforma menemista de la educación después, le hicieron saber a la sociedad argentina que el hijo de la portera ya no sería doctor. Y el plano inclinado de la degradación social, de la caída de la participación popular en el ingreso nacional, se vio acompañado por el desguace del Estado. De modo que la educación y la salud pública perdieron calidad y sus usuarios y trabajadores perdieron ingresos. (Horowicz, "El 42% de pobres" s/p)

Hago la salvedad de que, tal y como sostiene Willy Thayer, no debería denominarse "de transición" al proceso redemocratizador posdictatorial latinoamericano, sino a los *procesos dictatoriales en sí* ya que fueron estos los que suscitaron las condiciones de posibilidad para el pasaje del "Estado nacional moderno al mercado transnacional postestatal" (Thayer 96). Hay que recordar que en materia económica los lineamientos impuestos por la dictadura militar argentina (1976-1983) aún continúan repercutiendo más de cuarenta años después. José Alfredo Martínez de Hoz (y luego Lorenzo Sigaut) aplicó una política que estimuló el ingreso del capital extranjero y el endeudamiento generalizado con lo cual lanzó el primer puntapié hacia la financierización de la economía argentina. El plan consistió en reducir los niveles de proteccionismo industrial, mientras que se abría el país a los créditos internacionales con fines meramente especulativos y la consecuente fuga de capitales. La *deuda*, en este planteo económico, sería fundamental. Deuda que en el lapso de siete años pasó de 7.8 mil millones de dólares a 46.5 (según cálculos del Banco Mundial) incluida la obscena estatización de la deuda privada (con lo cual el endeudamiento público externo creció de modo exasperante).[2] Como ejemplo de transición al Estado neoliberal cabe mencionar que en el año 1982, hacia el final de la dictadura, es decir, *durante* la guerra de Malvinas, en el Ministerio de Economía ya se había preparado la propuesta de privatización de los bienes nacionales. La mascarada del nacionalismo (la "recuperación" del territorio insular) ocultaba alevosamente la des-nacionalización del patrimonio argentino. Mientras se reclamaba la soberanía territorial de las Malvinas, se emprendía la venta—la oscura venta—de "la soberanía de los cuerpos que constituye el país" (Rozitchner cit. en Martins, "Estragos de la experiencia" s/p).

Para continuar con el saqueo y arrebatar así la acumulación colectiva generada por toda la ciudadanía argentina, el expresidente Menem sostuvo en uno de sus discursos de la segunda presidencia: "Vamos a aplicar un ajuste *sin anestesia*". En esta elocuente afirmación ("un ajuste sin anestesia"), está presente el torturador que quiere provocar dolor para imponer algo. Al respecto Rozitchner puntualiza:

¿Por qué no pudo decir 'voy a hacer un ajuste que duela menos', que no duela tanto? ¿Por qué esta presencia [...] de este presidente que

---

2.   Al respecto véase María Emilia Val, "Deuda pública de Argentina" (2017).

[teníamos] no pudo haber planteado un ajuste sin tortura, si no fuera porque *era él el prolongador de los que torturaron antes, presente en el campo de la democracia misma*? Y esto no se manifiesta solamente en esa declaración. Se manifiesta en el indulto, se manifiesta en la concesión de todos los bienes nacionales que hizo él. (Rozitchner cit. en Martins, "Estragos de la experiencia" s/p)

Escueta pero rotundamente, el ejemplo pone a las claras el avasallamiento de la subjetividad sufrido por los ciudadanos argentinos. Internalizamos las normas del disciplinamiento corporal y social ejercido por el terrorismo de Estado, las cuales, aún hoy, más allá del período dictatorial, como sujetos que navegamos en las aguas del miedo y el horror, permanecen decididamente operantes. "*El terror está presente como fundamento de [nuestro] cuerpo* [...], *la muerte es la amenaza que está siempre presente*, [...] [una] muerte que aparece como naturalizada, como un efecto de las condiciones naturales del juego de la economía, pero que en última instancia son muertes que dependen de la voluntad humana" (Tagliaferro, "La irrupción del modelo neoliberal" párr. 4 y 1).

La larga década menemista (una década que duró doce años: de 1989 a diciembre de 2001) pone en evidencia, con su estética explícita, no sólo hasta qué punto los poderes que habían vencido en la dictadura se vuelven, en poco tiempo, compatibles con la democracia, sino con qué grado de eficacia la democracia misma, al autoconcebirse como no verdad, permite que, cuando un ismo se agota, otro lo reemplace sin fisuras, es decir, sin que se altere la estructura económica. (Schwarzböck 129)

En esa larga década las clases trabajadoras experimentaron un proceso de descolectivización cuyos efectos fueron marginalidad y exclusión en amplios sectores (desempleo, trabajo informal, cuentapropismo, etc.).[3]

En cuanto al movimiento político llamado "kirchnerismo" de orientación mayoritariamente peronista que gobernó durante doce años: Néstor Kirchner (2003-2007) y Cristina Fernández de Kirchner (2007-2015), no puede desconocerse que fue portador de una mayor sensibilidad social evidenciada en políticas de Derechos Humanos y una mayor voluntad de inclusión (una estrategia de desarrollo basada fundamentalmente en el consumo de las clases

---

3. Véase a Maristella Svampa, *La sociedad excluyente* (2010).

populares). No obstante, la reprimarización de la economía continuó sin solución de continuidad con la consecuente "pérdida de soberanía alimentaria" (Svampa, "Pensar el desarrollo" 19). El nuevo *consenso de los commodities* implica desposesión y despojo de tierras y recursos no renovables (Wainer, "Inserción argentina en el comercio mundial" 77).[4] El término apropiado es el de extractivismo que agrupa minería, petróleo, pero también agro-negocios monocultivistas (nombre otorgado al neoliberalismo agrario), política de acaparamiento de tierras y producción de biocombustibles. Una lógica básicamente monoproductiva.[5] Del neoliberalismo no se sale indemne porque es un diagrama de poder (estamos *adentro*); continúa como forma de gubernamentalidad contemporánea.

Volviendo al gobierno de Mauricio Macri, la promovida inversión nunca sucedió. La fuga de capitales que fue enorme (un desangramiento coyuntural

---

4. *Commodities* entendidos en sentido amplio como "productos indiferenciados cuyos precios se fijan internacionalmente".

5. "Las exportaciones provenientes de mineras y canteras de los países del Mercosur [...] [pasaron] del orden de los 20.000 millones de dólares en 2004, a un pico de más de 58.000 millones en 2008, y [bajaron] a más de 42.000 millones en 2009. La Argentina es un caso ilustrativo de la profundización del modelo: entre 2003 y 2006, bajo la presidencia de Néstor Kirchner, el número acumulado de proyectos mineros creció por encima del 800%, las inversiones acumuladas aumentaron un 490%, manteniéndose las ventajas en la inversión y las modestas regalías del 3%. El gobierno de Cristina Kirchner [siguió] la misma tendencia, cuyo ejemplo destacado fue la aprobación del megaemprendimiento minero de Pascua Lama [de la empresa canadiense Barrick Gold] compartido con Chile, apuntando a ser el segundo productor de oro continental" (Gudynas, "La crisis global" 119-20). Se sabe que la Barrick Gold utiliza cianuro para separar la roca del metal precioso, con lo cual contamina las aguas del Valle del Huasco (Chile). Greenpeace Argentina denunció las modalidades depredadoras de la Barrick como responsable de destruir los glaciares. http://wayback.archive-it.org/9650/20200405121533/ http:/p3-raw.greenpeace.org/argentina/es/informes/barrick-responsable/. Si bien en varias provincias argentinas hubo consenso (leyes) de prohibición de minería a cielo abierto, esas leyes sancionadas son permanentemente ignoradas/ violadas por el lobby político-empresarial. Véase a Norma Giarracca, "Tres paradojas para repensar la política" (2012), en especial p. 229.

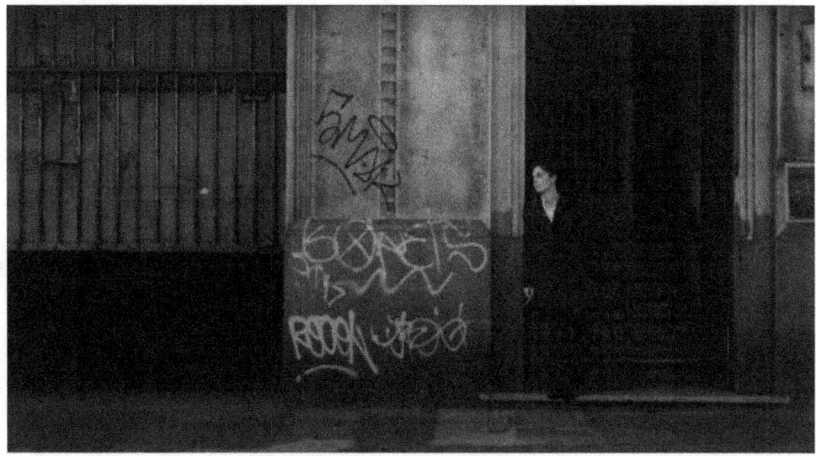

Figura 5.1. Fotograma de *La deuda*.

pero fundamentalmente a futuro de los cuerpos que constituyen la ciudadanía argentina con sus sectores populares incluidos) y que "[...] asciende 1, 6 veces el producto bruto de la Argentina del 2015 [...] termina en el sistema financiero internacional" (Horowicz, "El 42% de pobres" s/p).

¿Qué tipo de subjetividad, entonces, nos presenta *La deuda*?[6] El endeudamiento formatea y modula nuestras subjetividades. "[Estamos] desposeídos de una parte creciente de la riqueza que las luchas pasadas arrancaron a la acumulación capitalista, y *desposeídos, sobre todo, del futuro, es decir, del tiempo, como decisión, como elección y como posibilidad*" (Lazzarato 10; mi énfasis). La sucesión de las distintas crisis financieras (distintas o nuevas pero siempre con el *mismo* rostro de desposesión) facilitó la emergencia de una figura subjetiva: la del *endeudado/endeudada*. Se desmoronó de un plumazo el relato épico por el cual nos podíamos convertir en nuestros propios jefes, el trabajador creativo independiente. Rozitchner añade: "El capitalismo y el liberalismo requieren de ciudadanos libres, nos dicen. Libres quiere decir: *desatados, por medio del*

---

6. No propongo de ninguna manera que esta película (o el cine en general) ilustre ni, muchísimo menos, "refleje" estados de lo social o duplique lo dado, sino que lo que interesa es de qué modo interroga y reconfigura esos estados. Ana Amado sostenía que "el registro visual trabaja y metaboliza sentidos provenientes de diferentes niveles de la realidad—entendida ésta como mundo físico y a la vez entramado de relaciones sociales—" (*La imagen justa* 43).

terror, de toda relación comunitaria. La forma de la sociabilidad queda regulada por el mercado económico, que sirve de modelo y fundamento de la libertad individual de los ciudadanos" (*El terror y la gracia* 133; énfasis mío). Por la deuda, a Mónica se le ha expropiado el *tiempo* (se queda sin poder de elección), ya que solamente dedica sus horas a reunir la suma adeudada. El tiempo ya no se presenta como creación de nuevas posibilidades (el tiempo entendido como *oportunidad*) sino que la acorrala en una única tarea que la aparta de todo cambio (afectivo, social, etc.). "Ella misma, la deuda, es la que ejerce y organiza el poder de destrucción/creación, el poder de elección y decisión" (Lazzarato 56). "La lógica de la deuda asfixia nuestras posibilidades de acción" (Lazzarato 82). Es por esta razón que se podría afirmar que la respirabilidad resulta dificultosa: Mónica es asmática y, en un momento dado, sufre un ataque en el que obviamente le falta el aire. Ese aire que pareciera buscar cuando el plano de apertura del filme la presenta fumando parada en el umbral de la puerta de calle de la oficina en la que trabaja. Un momento sintetizador, es decir, una *imagen madre*,[7] una imagen vientre: Mónica es una asalariada, lo cual implica que todavía se encuentra dentro del sistema, pero está ubicada como en un borde porque, aunque no sea una desclasada como bien apunta Luis Franc, "[tiene] una pata en la *sobreadaptación* y otra en la *extranjería*: la primera funciona como disparador para ir descubriendo diferentes aspectos de la segunda [...] [Su] extranjería no es total: se debate entre la asimilación y la lucha. Incómodamente, juega en ambos frentes [...]" ("*La deuda*: la sonámbula" s/p; mi énfasis), que es un modo de decir que se debate entre el soportar y el resistir, entre adaptarse o transformar algo de lo dado. Se puede suponer que, como mera empleada de oficina, Mónica percibe el salario mínimo que, hasta agosto de 2019, en Argentina, era de $12.500 pesos, y la suma de la que se apropia es de $15.000. Intuye la diferencia entre ingreso y capital; intuye que en esa diferencia aparentemente mínima radica parte de lo que se le sustrae.

Pareciera como si quienes andan por la ciudad (desplazándose en cualquiera de sus variantes de transporte) fueran sobrevivientes de una devastación. Pero ser un(a) sobreviviente, ¿no es, acaso, una forma de vivir en un umbral o de encarnarlo? ¿Qué es lo que efectiviza Mónica, en definitiva, en su deambular? Exhibe la capacidad de cartografiar o mapear afectos, economía(s), lo social,

---

7.   Véase en el capítulo III el concepto de "instante preñado" (Lessing a través de Barthes).

el sistema de (la) obediencia, desde un lugar desplazado. A propósito, la filósofa Anne Dufourmantelle afirma en *Elogio del riesgo*:

> "El trabajo libera" son palabras de siniestra memoria. En nuestras sociedades democráticas llamadas liberales, el trabajo es aquello sobre lo que reposa todo el sistema económico-político de la deuda. *¿Qué libertad permite esta sociedad a los individuos que preferirían no hacerlo?* El imperativo, repetido desde el jardín de [infantes] hasta la vejez, que dicta que el trabajo es aquello que nos hará libres, ¿nos deja aún la opción de aceptarlo o de rechazarlo? De ahí se deriva—y de esto soy testigo como psicoanalista—una falta afectiva que mina a los seres hasta conducirlos, en ocasiones, a querer salir del juego. (cit. en Saccomanno, "Elogio del riesgo" s/p; la cursiva es mía)

Mónica, más que mostrarse como damnificada, expone una actitud audaz; ella es potencia, lo cual la lleva a declarar, rebelde y sin desasosiego, frente a su hermana, en un contexto de fragilidad económica y social, que no le importa que la despidan del trabajo. Si la remisión a Bartleby (*Bartleby, el escribiente* de Herman Melville, 1853) en la cita de Dufourmantelle (aunque en Bartleby es preferencia negativa, indeterminación o impreferencia: "preferiría no hacerlo" o "preferiría no"), la transferimos a Mónica, en su situación específica, nos muestra, por parte de ella, una suerte de intento de desmoronamiento o derrumbe del orden dado al adueñarse repetidamente de sumas de dinero que no le están destinadas. Por un lado, hay una búsqueda de confrontación a seguir una rutina a cualquier costo (hay que interrumpirla, incumplirla) y, por el otro, una insistencia en generar, por su desacato, incomodidad en el otro (compañero de trabajo, hermana, conviviente, entre otros). Mónica desconcierta por su particular modo de impugnar.[8]

El filme está atravesado de nocturnidad y espectralidad, acentuadas por colores oscuros entre los cuales predomina el azul frío (el azul oscuro siempre se asimila al negro; "el azul es la oscuridad devenida visible" [Cirlot 141]). Ningún color chillón o estridente o cálido se materializa en el filme (excepto al

---

8. Me resultó de lectura fundamental *Bartleby: preferiría no. Lo bio-político, lo post-humano* (2008) que reúne textos de Gregorio Kaminsky, Jorge Lovisolo, Mónica B. Cragnolini, Patricia Digilio, Alejandro Kaufman, Diego Tatián, Juan Besse y Marcelo Percia. Un especial reconocimiento al texto de Diego Tatián, "Tentativas sobre Bartleby", que guio mi análisis.

Figura 5.2. Fotograma de *La deuda*.

final en la estación de tren, como se verá). No podría ser de otra manera ya que en este mundo (en la diégesis) todo está impregnado de una constante inquietud, de una atmósfera perturbadora, tensionante. Y la luz, como eclipsada, ha devenido mortecina. Excepto cuando sale de la oficina, todavía de día, y se dirige a un negocio a comprar (consumir) un regalo para su hermana y también se compra un vestido (azul) para ella.[9] Sobresale un estado anímico

9. En *Pensar sin estado* (2004), Ignacio Lewkowicz plantea el agotamiento del Estado-nación que queda claramente expuesto en las jornadas del 2001 y en adelante y que va a dar paso a la transformación de la ciudadanía en *consumidores*. En palabras del propio Lewkowicz: "Seguramente no estamos lejos de los núcleos problemáticos si nos abocamos a dos transformaciones paralelas, y hasta consustanciales: *la conversión de los Estados-nación en técnico-administrativos; la conversión simultánea de los ciudadanos en consumidores*. O tal vez no la conversión sino la emergencia de la figura del consumidor como nuevo término fundante de nuestro oscuro contrato social [...]" (19; la cursiva es mía). "El estallido [2001] se originó en un proceso económico que violentamente dejó fuera del circuito a millones de ciudadanos. La estabilidad es consigna absoluta del Estado técnico, que no gestiona las demandas de todos los hombres sino los encargos de su soporte subjetivo: los consumidores" (33).

que pendula entre lo apático y lo melancólico como si no hubiera modos de escapar de esa forma de pesadumbre pertinaz. Domina una lógica transaccional en la ciudad, una ciudad inorgánica que no alberga, que más bien expulsa. Habitarla supone estar sumergido en un estado de amenaza latente: hay accidentes que quedan relegados a un fuera de campo; pasan ambulancias, se oyen sirenas y una mujer sentada en el cordón de la vereda afectada por un choque; patrulleros que multiplican sus luces intermitentes. Ningún personaje regala una sonrisa, y cuando lo hace, como en el caso de la madre de Mónica, no repercute, no obtiene reciprocidad. La emotividad se retacea; el desapego emocional señorea. Pareciera que ya no es posible ningún despliegue de ternura o, lo que es lo mismo, ya no se sabe cómo transmitirla. Observamos las actitudes y posturas del cuerpo, en su espera y en una suerte de fatiga, una suerte de cuerpo pesaroso (el asma de Mónica; a su conviviente lo aqueja un malestar indefinido; se menciona a alguien que tiene una mano quemada). Fontán aquí se sale del cauce (para emplear una metáfora que se acopla a una filmografía tan apegada al ecosistema del litoral) en al menos tres sentidos: por un lado, porque el espacio urbano es la ciudad de Buenos Aires y aledaños (Avellaneda y Gerli) y no el Paraná luminoso e impredecible con sus infinitos ríos, arroyos, canales e islas; por el otro, el filme contiene, aunque austera, trama (hay una mayor voluntad narrativa comparada con su filmografía en general desentendida de las formas que toman los relatos hegemónicos):[10] lo argumental es la historia de Mónica, el monto que adeuda y los modos en los que junta esa suma.[11] Y, finalmente, porque ese salirse de cauce también se produce dentro del filme mismo cuando lo sensorial gana en espesor y fuerza. Lo perceptivo tiene tres anclajes fuertes: 1) cuando Mónica observa desde un remise el plástico trasero, flotante, de una camioneta, 2) el casino y 3) el tren (a lo que me referiré en breve).

Para recolectar el dinero que debe (es *des-cubierta* por Rafael, un compañero de trabajo [Walter Jacob], pero que la *cubre* en su desfalco), Mónica

---

10. Para mayores referencias véase la Introducción.

11. De todas maneras, aclaro que no nos enfrentamos a un modelo de narración clásica estilo Hollywood como bien señala Emiliano Basile: "[...] estamos ante un cine de *contemplación* en la que vemos a los personajes actuar frente a nosotros desconociendo por completo sus motivos y sentimientos. *Un cine de arte y ensayo* como denominó el teórico David Bordwell" ("La deuda" s/p; el énfasis es mío).

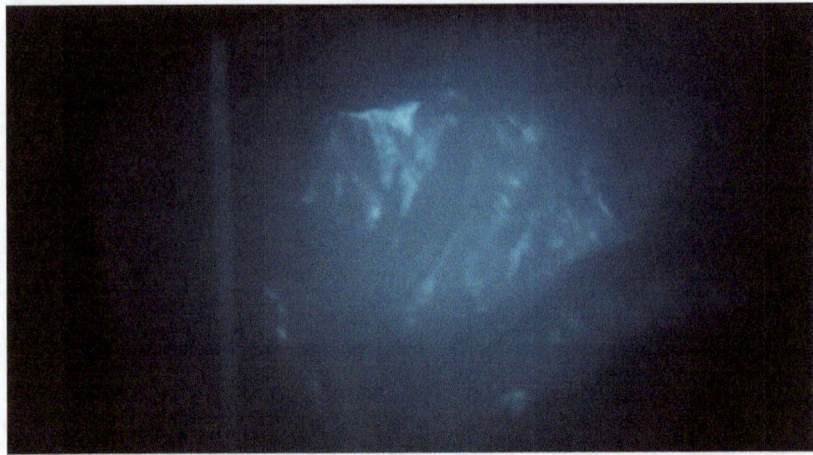

Figura 5.3. Fotograma de *La deuda*.

inicia un derrotero con varias paradas y algunos desvíos ya que nadie es posee-
dor, si bien exigua, de la suma completa. Primero, acude a su hermana Laura
(Andrea Garrote) y ya en la casa de ella (donde se festeja su cumpleaños), su
cuñado, a pesar de que a él lo van a ascender en su trabajo, alega que acaban
de despedir a ocho de sus compañeros. Laura le entrega 3.000 pesos y Mónica
se retira raudamente. Al bajar del ascensor del edificio se encuentra de casualidad con Sergio (Marcelo Subiotto), amigo de su familia y examante (¿o continúa siéndolo?) con quien empieza a desplazarse en auto (pasan primero por
un hospital porque Mónica sufre un ataque de asma), y luego le pide que la
espere mientras ella sube a su propio departamento. Allí está Pablo (Edgardo
Castro), ¿su marido? ¿su conviviente? que se muestra afligido por dolencias
no claras (un cuerpo abatido); en un momento no exento de violencia él la
empuja y la juzga por no ser la primera vez que extrae y debe dinero. No
obstante, le suministra plata guardada en una lata en la cocina (4.800 pesos).
Ella lo invita a acercarse a la ventana y le comunica con apatía que se acuesta
varias veces por semana con el que está en el auto esperando abajo. Le da un
beso apenas fraternal y se va. Al pasar por el departamento de Sergio (repleto
de cajas y desorden general como si fuera un lugar de paso) y de quien obtiene
el resto del monto, se produce una escena de sexo anodino: ella lo masturba
desapasionadamente quizá como retribución por la ayuda económica con-
cedida y por otras cuentas impagas afectivamente hablando. El dinero está,
pero el erotismo falta.

Mónica decide irse y prosigue su ruta sola en un remise. Se mueve decidida pero lo hace como si su energía se hubiera esfumado tanto en su voz como en su cuerpo (aunque siga deambulando como una forma de inercia, aunque no se detenga). Es consciente de cierta inutilidad de lo que realiza o intenta (con una voluntad que pareciera sentir como arrastrada por una correa y con una respiración que por momentos se vuelve trabajosa). Sergio, antes, en el auto, había sintetizado con sagacidad esa suerte de padecimiento que los atraviesa: "Los planes que uno hace, la mayoría de las veces, no tienen sentido". Después de su trayecto por una autopista, llega a un casino en el que juega una mujer ya mayor (Leonor Manso), una ludópata (¿su madre?), con la que comienza a conversar (Mónica, más bien lacónica, escucha). Pareciera que ese era finalmente su destino, su objetivo: un lugar, quizás, en el que sentirse contenida; sin embargo, su laconismo se repite ante lo deshumanizado del entorno. No en vano en la pantalla fija del casino se repiten imágenes de espacios congelados siberianos donde el azul hielo prevalente pareciera derramarse sobre el espacio contiguo en el que están ella y (presumiblemente) su madre, quien, a su vez, le comunica a su hija en un baño del casino, después de haberle relatado un sueño donde la joven está por avanzarse a un lago helado, que todavía no puede devolverle lo que le adeuda y como forma de pago le entrega un revólver envuelto en un pañuelo. Finalmente, Mónica toma un tren para iniciar la jornada laboral. La luz de la mañana se disemina por los rostros todavía adormecidos y exhaustos de las jornadas anteriores. Cuerpos no reposados. Cuerpos que cargan agobio. El tren arriba a la estación y Mónica junto con los demás trabajadores salen de los vagones expulsados hacia el día.

La deuda se apropia de ciertos códigos y estilemas del western: por un lado, el recorrido (una larga travesía), ese perfil andariego, inconforme y de tinte algo pendenciero de Mónica, con cruce de fronteras (ciudad capital y barrios provinciales), la presencia de un revólver, el tren y la melancolía característica del western crepuscular. En uno de sus viajes por autopista Mónica observa, desde el asiento de un remise, en un momento perceptivo de extraña belleza, una camioneta cuyo cobertor plástico transparente flamea acompasadamente por el viento como remedo de las lonas de las carretas que se movían bajo las impiadosas correntadas y sobre lo rocoso de los caminos que se hacían al andar rumbo al territorio que habría de expropiarse y expandir. Y, por el otro, como banda sonora, un acompañamiento de cuerdas de una Guitar Zither Menzenhauer cuyos rasgueos remiten (no buscan imitar) a la estética musical de cierto momento del género (fundamentalmente en los años cincuenta). A

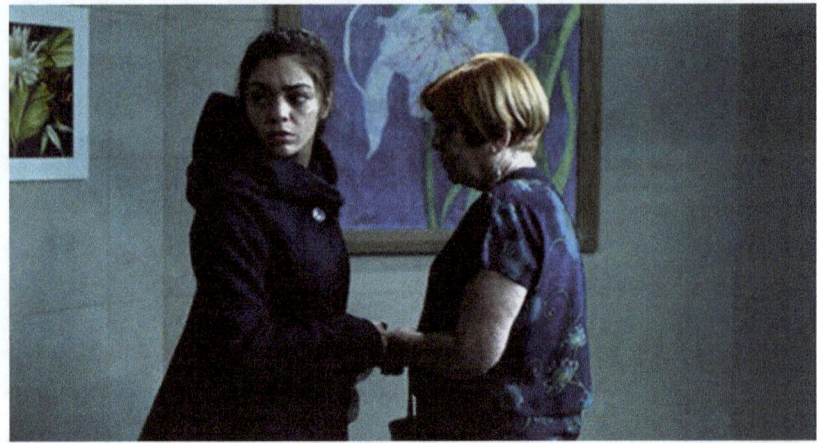

Figura 5.4. Fotograma de *La deuda*.

Gary Cooper no le hacen falta las palabras en el último cuarto de hora de *A la hora señalada* (*High Noon*, 1952, dirigida por Fred Zinnemann). Tal y como asevera Clélia Cohen: "Si Cooper habla poco, es porque actúa y, sobre todo, porque está en movimiento" (20). Mónica cada vez habla menos y en parte es porque siempre *está en movimiento*. En el encuentro con su madre, antes de irse a tomar el tren, fundamentalmente escucha; apenas balbucea unas pocas palabras.

Quizá sea así porque, en este caso, el silencio no hace más que exponer lo opaco y lo insensible de este mundo. Mónica está apresurada, se mueve con rapidez, porque siente—intuye—que, para ella, el *tiempo* es la verdadera plusvalía, es decir, la *vida* que uno dona y no retorna. Y el círculo se repite una vez más en eso que no vuelve: se supone que va a reponer la suma que, por una cadena de buena disposición y solidaridad, logró reunir, pero la deuda se renueva y va a persistir a partir de esos nuevos préstamos.

Hacia el final, el registro sonoro se desentiende del traqueteo insistente de la maquinaria. El sonido propio de un tren se vuelve algo misterioso. El filme apunta a que la deuda está marcada en el cuerpo de cada uno; el desamparo se ve/se siente/se percibe/se oye, un desamparo suscitado por un salario magro que nos precariza día a día. Lo que hay en los vagones es pura fuerza de trabajo acumulada. Como afirma Alejandro Galliano: "Sería mejor empezar a entender que el capitalismo como experiencia consiste en vivir el fin del mundo todos los días" (*Por qué el capitalismo* 155). Sin embargo, en la secuencia del tren y de la estación hay un destello, un resplandor luminoso que no proviene sólo de los rayos solares. Vivimos en una vida de derecha, sí, ¿pero no podemos encontrar atisbos, resquicios, por donde empezar a destronarla? ¿No es este el desafío planteado, de un modo u otro, por *La deuda*? Si no, ¿por qué en el final ese sol refulgente sobre los rostros ya cansados antes de iniciar la pesada jornada laboral? El único momento en que aparecen algunos colores cálidos (ya se habían visto algunos colores en el casino pero eran los de las máquinas y las alfombras más vivas que los jugadores *zombies*): el amarillo-anaranjado refulgente del sol matutino, y luego en el andén, en el frío invernal, la multitud que se desplaza con bufandas verde agua o de todos los colores, con camperas rojas, de verdes fosforescentes o colorinches, gorros de color fucsia o rojo. ¿Podría conjeturarse que en esta persistencia en lo corporal hay una interpelación ideológico-política en el sentido de que deberíamos ser conscientes del hecho de ser portadores de poder, que si lo actualizamos y lo organizamos, si somos capaces de poner en funcionamiento la fuerza que anida en nuestra propia corporeidad, lograremos rearticular la colectividad y restaurar los quebrantados lazos sociales?[12] En definitiva, ya se sabe: todo cuanto existe, subsiste e insiste, son cuerpos.

---

12. Este interrogante (ya formulado en otros trabajos míos) me lleva a pensar en la fuerza de la protesta estudiantil en contra del aumento de los precios del subterráneo en Santiago, Chile, en octubre de 2019, que suscitó las condiciones de una revuelta popular encarnada en movilizaciones de masas que exigían una nueva Constitución para cancelar la que había sido sancionada durante la dictadura liberal-fascista de Augusto Pinochet. Esa cancelación se realizó a través del referéndum del 25 de octubre de 2020. "Es tiempo de imaginar lo inimaginable", tal como sostiene el pensador italiano Franco "Bifo" Berardi. "En Chile nació el ciclo [neoliberal] con el golpe del 11 de septiembre de 1973 de Pinochet, y en Chile comenzó a morir con la revuelta del 2019 y el proceso constituyente" (Berardi s/p).

CODA

(Jardín de piedra y *Luz de agua)*

Durante varios meses de este año sin sentido [2020]
salí a la terraza para mirar los techos.
Salía en distintos momentos del día, como en un rito,
buscando tal vez en esos techos algún tipo de explicación.
algo que mitigue el desconsuelo.
Gustavo Fontán

Era una cosa negra que venía.
Godoy, el pescador, *Luz de agua*

FILMADOS DESDE EL CONTRAFRENTE del departamento de Fontán, durante el aislamiento obligatorio producido por la pandemia, los cortometrajes *Jardín de piedra* (18 minutos) y *Luz de agua* (14 minutos aproximadamente) del 2020 conforman un díptico.[1] Como bien nos recuerda Roger Koza, una de las varias acepciones de *abismarse* es "entregarse del todo a la contemplación [...]" ("Mes FICUNAM 2014 (07): El plano que se abisma, el cine de Gustavo Fontán" s/p) aunque también significa "sorprenderse; conmoverse con algo imprevisto o raro" (*DRAE*). ¿No es acaso, como fuimos observando, el contemplar y sorprenderse los centros productores de toda su filmografía y que nos involucran, nos afectan? O como se pregunta también Koza: "¿no sería [esa la] principal *fuerza poética* de todo [su] cine [;] [...] una restitución discreta pero radical e intransigente del sistema perceptivo que

---

1.   Puntuado, en placas, por la palabra poética del argentino Héctor Viel Temperley (*Hospital Británico* y *Legión extranjera* que aparecen en los dos cortos, respectivamente) y del inglés John Alec Baker (*Bosques y campos,* sólo en el segundo).

ha sido cooptado por la instrumentación de la percepción al servicio de un modelo de supervivencia extenuante?" ("La vida que se abisma" s/p; el énfasis es mío). La percepción queda habilitada cuando la narrativa hegemónica y dogmatizada no es la opción elegida. "[L]a percepción sensible será concebida como *ya preñada enteramente de imaginación*, pues esta última no asoma al mundo como un aledaño o un simple efecto de los datos sensibles, sino como una verdadera potencia en la que tales datos pueden advenir" ("Hurqalya" 371; énfasis en el original) al decir del filósofo Rodrigo Karmy Bolton siguiendo a Henry Corbin. Como en la *Trilogía del lago helado*, en *Jardín de piedra* y *Luz de agua* no nos encontramos con una estructuración narrativa. Exentos de conflicto dramático y clímax, ni historia que se despliegue y se desarrolle, estos cortometrajes (como toda su filmografía) operan por la intensidad (un cine experiencial y vital). La materia del mundo se despliega en su multiplicidad en planos que no nos avasallan porque son imágenes visuales y sonoras que nos abren los ojos y los oídos a un nuevo sentir, planos que respiran a la velocidad propia de sus ritmos internos. Lo ya dicho: nuestra experiencia sensible con la materialidad de la imagen se ve potenciada a partir del trabajo de uno de los directores más sensibles y arriesgados del cine argentino.

El título *Jardín de piedra* constituye un modo poético de nombrar un cementerio; de hecho, el filme es una elegía silenciosa dedicada a Abel Tortorelli, sonidista y músico, fallecido en agosto de 2020, que pertenecía al equipo con el que continúa trabajando Fontán (y quizá, por añadidura, una elegía también a la ingente cifra de muertos que deja el tiempo abismal de una pandemia). *Jardín de piedra* es una película silente; no es de ninguna manera muda porque nos habla y de muchos modos, y uno de ellos es precisamente el del silencio, cuyo clamor se deja oír ante la ausencia irreparable de un compañero de trabajo, un gran profesional, pero, por sobre todo, un ser muy querido. Podría decirse que ese silencio es elocuente sobre la *falta*: alguien ido para siempre, el encierro sanitario que anula el contacto físico, el afuera proscripto. Pero también esa suerte de estruendo señala otra falta: el cine todavía tiene que exhibir lo que puede vociferar el/en silencio.

En este primer corto se observa, en picado, la terraza de un geriátrico y una de sus ventanas con cortinas verdes, alargada pero angosta. Mirada escudriñadora que pareciera preguntarse: ¿estará allí ese hombre con el que solía cruzarme en la calle? Se entrevé a alguien con una especie de traje de astronauta desinfectando la instalación contra el virus; una enfermera que acomoda las piernas inertes de una anciana en una silla de ruedas. La mirada recorre paredes descascaradas, agrietadas, chapas luminosas de un techo, hojitas mustias, una vieja balanza, un tacho de basura caído, herramientas olvidadas, una frazada que cuelga sucia, manchada. Herrumbre. Escombros. Restos. Sequedad. Un estado de cosas atravesado por el abandono. Eso que puede ser calificado como carente de importancia o pensado como residuo o desecho cobra un nuevo estatuto: es aquello que, precisamente, merece nuestra atención. En un momento dado, después de una serie breve de imágenes abstractas de colores vivaces (rojos, verdes, azules, amarillos) que parte de una ventana y se transforma paulatinamente en un azul estridente (que bien podría remitir a la ventanilla de un avión), nos transportamos a Jerusalén, a una visita al "santo sepulcro", un cambio de espacio llamativo, misterioso, un contrapunto, pero, en definitiva, otro "jardín de piedra" al otro lado del mundo. Mostrado en imagen granulosa, hay peregrinaje hacia ese sepulcro donde otras paredes de piedra también aparecen agrietadas por lo milenarias. Al respecto, Koza sostiene: "La vida está en otra parte, el espíritu en otro lado. ¿Dónde? En el cine, en la poesía, agudizando la mirada y la escucha, en todas las invenciones con las que se hace frente a la innegociable finitud. El resto es silencio. Siempre" (*"Jardín de piedra"* s/p).

Los fragmentos de *Luz de agua*—esa coalescencia tan propia de la poética de Fontán—están escandidos por la voz en *off* de un pescador llamado Godoy que relata su infortunio frente a la llegada de un tornado ("Cuando llegué, sentí que los árboles crujían, rompían los árboles"; "era una cosa negra que venía", dice el hombre) y que está por azotar la zona del litoral (el Delta). Arrastrado en una lancha por la fuerza de las aguas y temeroso de ser engullido por las palometas si se cae al río, cuenta que en un momento dado se ata con la lancha a un árbol y cae un gran gajo al lado, mientras los otros pescadores lo llaman desde lejos y con insistencia para, de ser posible, rescatarlo y guarecerlo. Si bien *Luz de agua,* al igual que el otro cortometraje del díptico, comienza con la misma terraza y sus paredes sucias, envejecidas, desatendidas durante años, sin repintarlas, inmediatamente observamos un bote en un río (en suave desenfoque); lo líquido (de fuerte presencia en este segundo filme) se tensa con la piedra (del primero). Del día lluvioso urbano al escenario fluvial. Y el último plano será el de un ramaje invernal junto al agua litoraleña, una figura humana (¿pescando?) detrás de unos pastizales, el sonido de un remo que hiende el agua delicadamente, zumbidos (¿o cantos?) de unos insectos indeterminados.

El díptico *Jardín de piedra* y *Luz de agua* como *El árbol* y *La casa* coinciden en incluir, como último plano, ramas con flores, el verdor de hojas de distintas

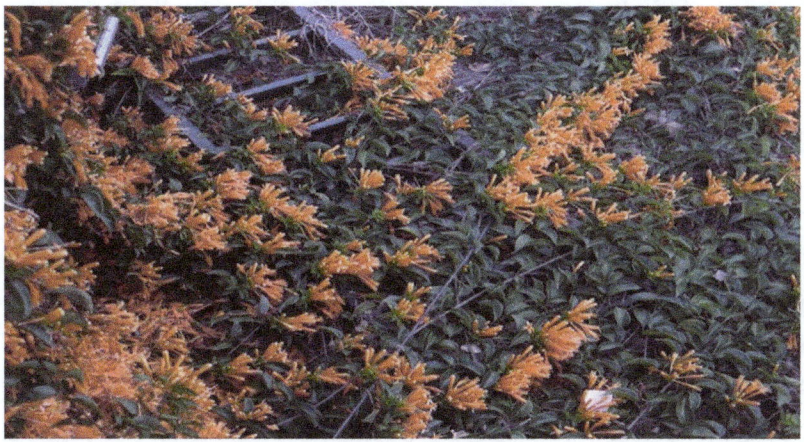

Figura 6.1. Fotograma de *Jardín de piedra*.

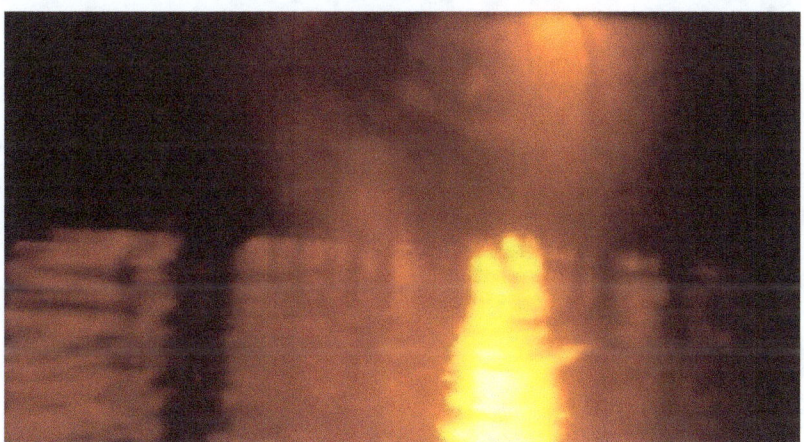

Figura 6.2. Fotograma de *Luz de agua*.

plantas, un gran árbol de copa frondosa que nuestra mirada convierte en una suerte de animal y un río (¿el Paraná?) con el follaje y la espesura propios de uno de sus márgenes. Es decir, lo viviente como contraplano de un encierro forzoso, de la decrepitud y finitud y la destrucción total de un espacio que había sido habitado por varias generaciones (si se siguen los títulos en el orden mencionado). Quizá toda la filmografía de Fontán en particular y el arte en general conformen una de las pocas vías para asir e inteligir algo de la experiencia tanto de lo trágico y de la penuria como de la potencia de lo vivo como tal en su obstinación por perseverar.

Jardín de piedra y *Luz de agua* contienen lo que podríamos denominar "momentos fauvistas", en el sentido otorgado por los exponentes de este movimiento (Henri Matisse, André Derain, Maurice de Vlaminck, Raoul Dufy, entre otros): explosión del color en objetos y en la naturaleza humana y no humana, una estridencia "salvaje" en contra del orden civilizatorio dominante. Fontán recoge algunos de esos principios pictóricos y ese estallido de color (en desenfoques profundos)[2] se erige en una exaltación como si fuese efectuada desde la mirada atenta de un niño o niña frente a algo desconocido que alucina y atrae. O quizá sea también como si el mundo no estuviese hecho: hay que hacerlo de nuevo y esa es la función de esa mirada. Mirar otra vez para crear algo nuevo desde la potencia de la imaginación.

---

2.   Los desenfoques pueden ser considerados como composiciones cromáticas que amplían los límites de lo que experimentamos perceptivamente; contribuyen a que nos despojemos de los automatismos de nuestra mirada; enrarecen lo sensorial y logran que resplandezcan nuevos bloques de mundo.

Las películas del mañana no serán realizadas por funcionarios de la cámara, sino por artistas para quienes filmar constituye una aventura formidable y exaltante. Las películas del mañana serán actos de amor.

— François Truffaut

Para Rosa Luxemburgo, el destino de un insecto luchando entre la vida y la muerte, en una esquina, desconocido para toda la humanidad, tiene tanta importancia como el destino y el futuro de la revolución en la que ella creía.

—Jean-Marie Straub

Hay que intentar un cine inconcluso, incompleto, para que el espectador pueda intervenir y llenar el vacío.

—Abbas Kiarostami

ENCUENTRO EN LA CINEMATOGRAFÍA de Gustavo S. Fontán una conjura contra este tardo-capitalismo dado que asistimos a la prueba de la destrucción real de tantas cosas y, a la vez, entre tanta depredación, nos percatamos de que si hay arte hay vida. Con Fontán nos hallamos ante una mirada movilizad(or)a (similar a la que observa David Oubiña en Abbas Kiarostami). Sus películas nos exhortan a mirar y a escuchar, a ser capaces de entrar en con*tacto* con (tocar, palpar) lo que vemos y escuchamos, no a esperar peripecias y desenlaces apaciguadores, sino a experimentar la materialidad del mundo (un modo de saber corporal), un encuentro sensible y afectivo con el mundo. Sus filmes nos alientan a percibir-pensar-sentir como un instrumento fundamental para nuestra supervivencia colectiva. Fontán desestabiliza regímenes hegemónicos de visibilidad (entre cuyas características están la nitidez, la transparencia y un sonido que duplica y subraya la diégesis) a través de lo poético cinematográfico, como modo de procurar preservar "lo viviente amenazado" (Comolli, "El cine medida del mundo" s/p) y para despejar apenas algo de lo opaco de este mundo. Fontán se toma su tiempo para filmar los vacíos y los espectros que siguen hablándonos (su clamor) sin cesar (*El árbol*, *Elegía de abril*, *La orilla que se abisma*, *La casa*, *El rostro*, *El limonero real*). En otras palabras, como afirmé anteriormente, su cine intenta reconfigurar el espacio de lo sensible, proporcionar conocimiento perceptual, desarrollar nuestra plasticidad moral y suscitar emociones con capacidad cognitiva. Consciente de que espectáculo y mercancía conforman una alianza resistente (más que servir a la mercancía, el espectáculo *es* su forma dominante tal como claramente advierte Jean-Louis Comolli en *Cine contra espectáculo*), Fontán establece una urdimbre que es poética y pictórica, con un *tempo* propio que nos permite contemplar y reparar en la multiplicidad de la materia, en la proliferación enigmática del mundo. Una "[...] captura incesante de segmentos dispersos del mundo, esos destellos con los que todo parece iluminarse brevemente, para volver luego a su inconsolable opacidad" (Obarrio, "Dossier Fontán. *La madre*").

Proust afirmaba: "Las obras maestras están escritas en una especie de lengua extranjera" (cit. en Deleuze y Guattari, *Capitalisme et schizophrénie 2: Mille plateaux* 123). Bien se puede aseverar, parafraseando al escritor de *À la recherche du temps perdu*, que las películas más desafiantes (más sensibles, más respetuosas de lo viviente, intensificadoras de la experiencia perceptiva) están filmadas en una especie de imagen extranjera y ésta es la apuesta de Fontán. Una constelación de fragmentos de lo real; lo circundante que nos interpela, lo misterioso, lo que susurra o tartamudea (una forma, un color, una luz, unos rostros, unas voces, unos sonidos, unos árboles, el agua ondulante de un río); las formas breves de muchos de sus filmes resisten, se oponen al cine-espectáculo, se yerguen contra los embates normalizadores y narcotizantes de la imagen hegemónica (cuya velocidad es la impuesta por el capitalismo tardío que reconfigura lo humano a sus fines). Fontán presenta imágenes visuales y sonoras que desanestesian lo fosilizado de nuestras miradas; y al hacerlo se ex-pone y arriesga: se sale del perímetro. Su cine amplía nuestra visión del mundo, pero, por sobre todo, amplía los recursos de nuestra inteligencia y nuestros modos de ver/escuchar. ¿Cómo lo logra? Enfatiza la naturaleza inmanente y corporal de la experiencia del arte. Una percepción háptica que involucra nuestro cuerpo mucho más, como nos señaló Laura Marks en su clásico *The Skin of the Film*, y que Fontán actualiza: la apelación es al cuerpo como un todo. Ontológicamente somos cuerpos incompletamente constituidos; reconocer el efecto del otro en mi cuerpo y del mío en el otro es parte de esa incompletitud que se ve en alguna medida reparada a partir de distinguir esas interconectividades e interdependencias que nos atraviesan, nos conforman. Intercambio viviente entre el adentro y el afuera. La experiencia cinematográfica no escapa de esa interconectividad y del afectar-nos. El cine de Fontán se hace cargo de que tal reconocimiento pueda ser transformador dado que sujeto y objeto participan de la carnadura del mundo.

Sus filmes me permiten observar la indeci(di)bilidad constitutiva de lo poético. Cada uno de ellos reactualiza lo poético cinematográfico; en su singularidad, aparece lo que le atañe dentro de ese orden de imágenes. Lo poético escapa de los grilletes de las concepciones oficiales del ser. En la experiencia poético-sensorial se despliega la posibilidad de (saber) hallar en lo cotidiano (cuando se mira y se escucha bien) los pequeños prodigios, pero a Fontán no se le escapa que también nos topamos con los desechos y las ruinas. Una modernidad que ya no es.

Uno de los procedimientos formales que atraviesa una gran parte de su filmografía es el desenfoque; la sugerencia es uno de sus efectos; estas composiciones cromáticas buscan desposeernos y desvestirnos de los automatismos de nuestra mirada. Así, perceptivamente, los límites de nuestra experiencia se dilatan y nuevos bloques de mundo reverberan porque lo sensorial enrarecido cede paso a la indeterminación y, por ende, a la proliferación de sentidos. Como en las artes plásticas, en sus filmes se difuminan los contornos, se eliminan las líneas y a veces se produce una explosión de colores como en la práctica fauvista. Asimismo, esos colores, en la imagen, se mueven como en las fases del ciclo de una célula. Y la imagen sonora rarifica la visual y la emplaza en un lugar-otro. Las de Fontán son imágenes-luciérnaga que nos afectan con sus destellos sutiles, imágenes que nos inquietan con sus delicados fulgores en tiempos en que hay que verlo todo en su nitidez ramplona anulante de toda sensibilidad y sutileza. Las imágenes-luciérnaga, repito, nos permiten ejercitar "el juego dialéctico de la mirada y la *imaginación*" (Didi-Huberman, *Supervivencia* 50; mi énfasis). Y esta imaginación también se conecta con la experimentación intermedial que nos brinda Fontán. Se expone su capacidad de desentumecernos a partir de la inclasificabilidad proteica de sus filmes ("obras sin lugar" al decir de Gonçalves dos Reis Filho); el sentir y el pensar se ubican en esa transversalidad, en el contagio (en la *perversión* en el sentido etimológico de desviarse, de subvertir) de diversas artes

y lenguajes. Los desenfoques, las ralentizaciones, las aceleraciones, las abstractizaciones, la disyunción sonora respecto de lo visual alteran un registro al
que nos tienen acostumbrados (entrenados, domesticados) las modalidades
del cine *mainstream* (con sus jerarquías, causalidades progresivas y la épica de
sus relatos convencionales); por lo tanto, esa alteración, al perturbar la uni-
formidad, acrecienta las posibilidades de lo que puede ser experimentado: un
sentir nuestra mirada arrastrada plácidamente hacia una exploración sensible
(que es necesidad, no suntuosidad; el tiempo de la contemplación entendido
como bien común). Es posible, entonces, huir del repertorio audio-visual del
neoliberalismo: Fontán amplía lo decible cinematográfico (lo imaginable,
lo audible) y al hacerlo exhibe un signo más de resistencia. Se distancia del
montaje tradicional al practicar cortes "irracionales", cortes no ligados a la
causalidad (*Sol en un patio vacío, Lluvias, El estanque, Jardín de piedra, Luz
de agua*), y de esta manera cede lugar a la imagen-tiempo o al tiempo como
duración que emerge libremente dentro de la toma misma (la imagen-tiempo
inventa nuevos posibles). Detenernos en un objeto (unas hojas iluminadas
velozmente por el sol) es observar el brillo con que ese objeto nos mira. Un
fulgor que (nos) interpela. Observar como acto de imaginación.

Juan L. Ortiz, poeta fundamental para la propia poética de Fontán, nos
dice en *La orilla que se abisma* (1971): "Y henos a nosotros preguntándonos
si no viene de luciérnagas, también, la poesía [...]" (mi énfasis). Su cine es
afirmación de la vida y esta afirmación es, en sí, una respuesta amorosa a ese
interrogante orticiano. En sus filmes todavía se manifiestan la complejidad
de los gestos, el azar que puede transportarnos a algo del orden de cierta revelación y "[en los que] persisten expresiones de vida que no son equiparables
al dato estadístico" tal como afirma Roger Koza.[1] Con Fontán lo sugerente
permanece al amparo, resguardado. La potencia de lo poético cinematográfico—ahora sí afirmo—desbarata el *a priori* de lo que debería ser el cine, abre
la experiencia a la multiplicidad porque el cine es en Fontán, fundamentalmente, vida intensificada.

---

1. Ver Introducción.

BIBLIOGRAFÍA

Agamben, Giorgio. *Profanaciones*. Trad. por Flavia Costa y Edgardo Castro. Buenos Aires: Adriana Hidalgo editora, 2005.

Aguirre, Peio. "La política, los afectos y los media". *Campo de relámpagos*. 15 de abril de 2018. Acceso 1 de junio de 2021. http://campoderelampagos.org /critica-y-reviews/6/4/2018.

Alonso, Alberto A. *Una palabra. Muchas visiones. Un homenaje a Anne Dufourmantelle*. Buenos Aires: Ediciones Anticipar, 2018.

Álvarez, Albino. "Mirar y remirar. El cine de Gustavo Fontán". *Cine Toma. Revista mexicana de cinematografía* n° 38 (enero-febrero 2015): 63–66.

Álvarez, Oscar. "En busca del tiempo perdido". *Fellinia. Tierra de cine*. Acceso el 7 de julio de 2020. https://www.fellinia.com.ar/articulos /acerca-de-el-arbol-de-gustavo-fontan/.

Amado, Ana. *La imagen justa. Cine argentino y política (1980–2007)*. Buenos Aires: Colihue, 2009.

Andermann, Jens. "Paisaje: imagen, entorno, ensamble". En *Geografías culturales: aproximaciones, intersecciones y desafíos*, editado por Perla Zusman, Rogério Haesbaert y Hortensia Castro. Buenos Aires: EUDEBA, 2011.

———. *Tierras en trance. Arte y naturaleza después del paisaje*. Santiago: Ediciones Metales Pesados, 2018.

Arahuete, Pablo. "De paseo por el río del luto". *Elanartista*. http://www .elanartista.com.ar/category/el-desaliento/?print=print-search

Aumont, Jacques. *La teoría de los cineastas. La concepción del cine de los grandes directores*. Trad. por Carles Roche Suárez. Buenos Aires: Paidós, 2004.

Barthes, Roland. *Lo obvio y lo obtuso. Imágenes, gestos, voces*. Trad. por C. Fernández Medrano. Barcelona: Paidós, 1995.

Basile, Emiliano. "La deuda". *Escribiendo cine*. 18 de septiembre de 2019. Acceso el 12 de mayo de 2021. http://www.escribiendocine.com/critica/0004999 -pagar-las-culpas/?fbclid=IwAR21dlVLG3WTxpZ5n1DnbRO5foi3dgy NApXdtn_HYbOn8BwEhJtyLg4kAnE.

Batlle, Diego. "Crítica de *El rostro* de Gustavo Fontán (Competencia Argentina)". BAFICI 2014. *Otros cines*. https://www.otroscines.com/nota?idnota=8454.

Benning, James. *Ran Dian's Print Magazine* n° 3 (primavera boreal de 2016). Acceso 7 de mayo 2019. http://www.randian-online.com/np_feature /james-bennings-landscape-cinema/.

Berardi, Franco "Bifo". "Tiempo de imaginar lo inimaginable. La revuelta chilena y el doble cerebro que es necesario ejercitar". 10 de junio de 2021. Acceso el 27 de junio de 2021. http://lobosuelto.com/tiempo-de-imaginar-lo-inimaginable -la-revuelta-chilena-y-el-doble-cerebro-que-es-necesario-ejercitar-bifo/.

Berger, John. *Pig Earth*. Londres: Writers and Readers Publishing, 1979.

Berlant, Lauren. "Intuitionists: History and the Affective Event". *American Literary History* n° 20 (invierno de 2008): 845–46.

Bernades, Horacio. "Un poema sobre el tiempo y la muerte". *Página 12*. 2 de febrero de 2007. Acceso el 3 de mayo de 2021. Reproducido en http://gustavo -fontan.blogspot.com/search?updated-max=2007-05 -05T19:24:00-07:00&max-results=10.

Bernardet, Jean-Claude. "Documentários de busca: *33* e *Passaporte Húngaro*". En *O Cinema do Real*, ed. por Amir Labaki y Maria Dora Mourão. São Paulo: Cosac & Naify, 2005.

Biedma, Salvador. "Al otro lado del río". Radar, *Página 12*. 28 de agosto de 2016. https://www.pagina12.com.ar/diario/suplementos/radar/9-11745-2016-08-28. html.

Bradshaw, Peter. "*Homo Sapiens* Review. Extraordinary Vision of a Post-Human World". *The Guardian*. 21 de noviembre de 2016. Acceso el 14 de diciembre de 2019. https://www.theguardian.com/film/2016/nov/21/homo-sapiens -review-nikolaus-geyrhalter-post-apocalyptic-international-documentary -film-festival-amsterdam

Bresson, Robert. *Notas sobre el cinematógrafo*. Trad. por Saúl Yurkiévich. México DF: Ediciones Era, 1979. Reproducido en http://catedras.fsoc.uba.ar/decarli /textos/Bresson.htm

Bruno, Giuliana. *Atlas of Emotion. Journeys in Art, Architecture, and Film*. New York: Verso, 2002.

———. *Surface. Matters of Aesthetics, Materiality, and Media*. Chicago: U of Chicago P, 2016.

Bueno, Mónica. "*El limonero real*: las imágenes del tiempo". *Actas Coloquio Internacional Juan José Saer 2017*. Acceso 3 de abril de 2021. http://conexionsaer.gob .ar/wp-content/uploads/2018/04/1.-El-limonero-real-M%C3%B3nica-Bueno.pdf.

Burucúa, José. "Lo que ciencia y arte aprenden entre sí". *Página 12*. Acceso el 16 de febrero de 2018. https://www.pagina12.com.ar/208006-lo-que-ciencia-y-arte -aprenden-entre-si.

Butler, Alison. "'You Think You've Been There': A Conversation with James Benning about *Easy Rider* (2012)". http://www.lolajournal.com/5/benning .html.

Cinelli, Juan Pablo. "Como una bitácora de la demolición". Acceso el 21 de marzo de 2019. http://gustavo-fontan.blogspot.com/2012/11/la-casa-critica-tiempo -argentino.html.

Cirlot, Eduardo. *Diccionario de símbolos*. Madrid: Ediciones Siruela, 1997.

Cófreces, Javier. "El Delta y su poética". *Revista Carapachay* 4. 12 de agosto de 2016. https://revistacarapachay.com/2016/08/12 /el-delta-y-su-poetica-por-javier-cofreces/.

———. "La Islíada o cómo encuadernar las islas". *Revista Carapachay* 7. 28 de septiembre de 2017. https://revistacarapachay.com/2017/09/28/1831/.

Cófreces, Javier, y Alberto Muñoz. *Tigre*. Buenos Aires: Ediciones en Danza, 2010.

Cohen, Clélia. *El western*. Buenos Aires: Paidós, 2006.

Comolli, Jean-Louis. *Cine contra espectáculo. Seguido de Técnica e ideología (1971– 1972)*. Trad. por Horacio Pons. Buenos Aires: Manantial, 2010.

———. "El cine medida del mundo. Notas para una conferencia". *Revista Imago- fagia. Asociación Argentina de Estudios de Cine y Audiovisual* (AsAECA) no 1 (2010). Acceso el 27 de febrero de 2019. http://www.asaeca.org/imagofagia /index.php/imagofagia/article/view/9/10.

———. "De lo fotoquímico a lo digital". CEP, Centro de Extensión Profesional. Buenos Aires, 2017. Acceso el 21 de febrero de 2019. https://www.youtube.com /watch?v=Ynigved2j1I&feature=youtu.be.

Cuartas Restrepo, Juan Manuel. "Merleau-Ponty: 'carne del mundo' y 'experiencia del otro'". *Revista Filosofía UIS* 10, n° 1 (2011): 191–205.

Cubillo Paniagua, Ruth. "La intermedialidad en el siglo XXI". *Diálogos. Revista electrónica de historia* 14, n° 2 (septiembre-diciembre 2013). https://www.scielo .sa.cr/scielo.php?script=sci_arttext&pid=S1409-469X2013000200006

Cuervo, Oscar. "Trilogía del lago helado". Acceso el 16 de julio de 2019. http://kbsas.blogspot.com/2019/01/.

Dalmaroni, Miguel. "Los aros de la sortija". En *Zona de prólogos*, ed. por Paulo Ricci. Buenos Aires: Ediciones Universidad Nacional del Litoral-Seix Barral, 2011. 83–106.

Deleuze, Gilles. "Le cerveau c'est l'écran". *Cahiers du Cinéma* n° 380 (1986): 25–32.

———. *Cine III. Verdad y tiempo. Potencias de lo falso*. Trad. por Sebastián Puente y Pablo Ires. Buenos Aires: Editorial Cactus, 2018.

———. *Francis Bacon. Lógica de la sensación*. Trad. por Isidro Herrera. Madrid: Arena Libros, 2005.

———. *Negotiations, 1972–1990*. Trad. por Martin Joughin. New York: Columbia UP, 1997.

———. *Pintura. El concepto del diagrama*. Trad. por Equipo editorial Cactus. Buenos Aires: Cactus Serie clases, 2008.

Deleuze, Gilles y Félix Guattari. *Capitalisme et schizophrénie 2: Mille plateaux*. Paris: Éditions de Minuit, 1980.

————. *Pourparlers*. París: Editions de Minuit, 1990.

————. *¿Qué es la filosofía?* Trad. por Thomas Kauf. Barcelona: Anagrama, 1993.

Depetris Chauvin, Irene. "Cómo pintar un río". En *Geografías afectivas. Desplaza-mientos, prácticas espaciales y formas de estar juntos en el cine de Argentina, Chile y Brasil (2002–2017)*. Pittsburgh: Latin American Research Commons, 2019.

————. "Mirar y escuchar. Percepción háptica y narrativa sensorial en *El limonero real* (2016) de Gustavo Fontán". *TOMAUNO* nº 6 (2017–2018): 140–51.

————. "Percepción háptica y narrativa sensorial en el 'ciclo del río' de Gustavo Fontán". *Cuadernos de Literatura* 22.44 (2018): 36–62. https://doi.org/10.11144/Javeriana.cl22-44.phns.

Derrida, Jacques. *The Gift of Death*. Trad. por David Wills. Chicago: U of Chicago P, 1995.

Didi-Huberman, Georges. *Supervivencia de las luciérnagas*. Trad. por Juan Calatrava. Madrid: Abada Editores, 2012.

————. *Lo que vemos lo que nos mira*. Trad. por Horacio Pons. Buenos Aires: Manantial, 1997.

Dufourmantelle, Anne. *Elogio del riesgo*. Buenos Aires: Nocturna Editora, 2020.

Eagle, Herbert. *Russian Formalist Film Theory*. Ann Arbor: University of Michigan Slavic Publications, 1981.

Eliade, Mircea. *El yoga. Inmortalidad y libertad*. México: Fondo de Cultura Económica, 1991. Acceso 7 de junio de 2021. https://www.eternacadencia.com.ar/blog/contenidos-originales/noticias/item/guirnaldas-para-un-luto-adios-a-hugo-padeletti.html.

Erice, Víctor. Entrevista por Carlos Reviriego. 26 de abril de 2019. "Víctor Erice: El cine está hoy haciendo cola en la televisión". *El Cultural*. Acceso el 7 de julio de 2021. https://elcultural.com/victor-erice-el-cine-esta-hoy-haciendo-cola-en-la-television.

Esses, Carolina. "El Delta poético: un refugio natural para la literatura". *La Nación*. 25 de octubre de 2015. Acceso el 25 de noviembre de 2018. https://www.lanacion.com.ar/1838810-el-delta-poetico-un-refugio-natural-para-la-literatura.

"Fellini, el mentiroso contador de historias". *Crónicasdecalle.com.ar*. Acceso el 25 de enero de 2022. https://cronicasdecalle.com.ar/2012/12/fellini-el-mentiroso-contador-de-historias/.

Figliola, Alejandra y Gerardo Yoel. "Ozu, la geometría natural". En *Pensar el cine 2*, ed. por Gerardo Yoel. Buenos Aires: Manantial, 2004. 241–56

Finkel, Raúl. "Gustavo Fontán. *El árbol*". 22 de mayo de 2006. Acceso 7 de junio de 2021. http://cinesinorillas.blogspot.com/2010/05/la-primera-tendencia-al-intentar-decir_22.html.

Fontán, Gustavo. "La casa del cineasta. La luz viene en nombre de la voz". *Con los ojos abiertos*. 1 de mayo de 2019. Acceso el 7 de mayo de 2019. http://www.conlosojosabiertos.com/la-casa-del-cineasta-la-luz-viene-nombre-la-voz/.

———. "Los espectros de Fontán". Entrevista por Roger Koza. 10 de julio de 2014. *Con los ojos abiertos. Críticas, crónicas de festivales y apuntes sobre cine.* Acceso el 23 de junio de 2020. http://www.conlosojosabiertos.com/los-espectros -de-fontan/.

———. "Modos de penetrar el mundo" ("Mutaciones y migraciones en las artes audiovisuales"). *ARTKADIN | Estudios sobre cine y artes visuales* 6, n° 4 (2012): 7–11.

Fontán, Gustavo y Gloria Peirano. *El lago helado* y *Manual para sonámbulos.* Buenos Aires: Papel Cosido-Universidad Nacional de La Plata, 2018.

Franc, Luis. "*La deuda*: la sonámbula". Acceso el 7 de mayo de 2021. https://www .hacerselacritica.com/la-deuda-la-sonambula-por-luis-franc/?fbclid=IwAR2 FirKOS3SW8FfyrvO38aibeG8J3duYYyl-XLne4bGh7fmbv4o0Edn2Csk.

Freud, Sigmund. "El creador literario y el fantaseo". *Obras completas.* Trad. por José Luis Etcheverry, James Strachey y Leandro Wolfson. Buenos Aires: Amorrortu Editores, 1992.

Galliano, Alejandro. "Un apocalipsis todos los días". *Crisis* 41 (2020). https://revistacrisis.com.ar/notas/un-apocalipsis-todos-los-dias.

———. *¿Por qué el capitalismo puede soñar y nosotros no? Breve manual de las ideas de izquierda para pensar el futuro.* Buenos Aires: Siglo XXI Editores-Crisis, 2020.

Gamberini, Marcela. "La espesa selva de lo real. Sobre *La casa* de Gustavo Fontán". Acceso el 27 de abril de 2019. http://www.conlosojosabiertos.com /la-casa/

———. "*El limonero real*. El sueño eterno". *Con los ojos abiertos. Críticas, crónicas de festivales y apuntes sobre cine.* 3 de septiembre 2016. Acceso el 3 de marzo de 2021. http://www.conlosojosabiertos.com/el-limonero-real-03/

García, Raúl. "Escribir el tiempo". *Xul. Signo viejo y nuevo. Revista de literatura. Los poemas perdidos de Juan L. Ortiz* 12 (1997): 54–55.

García Candela, Lautaro. "12 años de cine argentino". *La vida útil* n° 1 (abril 2019). Acceso el 16 de marzo de 2019. http://lavidautil.net/2019/04/17/la-vida -util-no1-12-anos-de-cine-argentino/.

Genero, Pablo. "El tiempo de la acacia. La representación en *El árbol* de Gustavo Fontán". *TOMA UNO* 6, n° 6 (2018): 153–62. Acceso el 25 de febrero de 2019. https://revistas.unc.edu.ar/index.php/toma1/article/view/20903.

Giarracca, Norma. "Tres paradojas para repensar la política". En *Renunciar al bien común. Extractivismo y (pos)desarrollo en América Latina*, ed. por Gabriela Massuh. Buenos Aires: Mardulce, 2012. 191–235.

Giménez, Gilberto. "Cultura, territorio y migraciones". *Alteridades* 11, n° 22 (julio-diciembre 2001): 5–14.

———. "Territorio e identidad. Breve introducción a la geografía cultural". *Trayectorias. Revista de Ciencias Sociales* 7, n° 17 (enero-abril 2005): 8–24.

Girardi, Antonia e Iván Pinto. "Gustavo Fontán, cineasta. La única responsabilidad es ser honesto y coherente con la propia película". Acceso el 27 de mayo de 2020. https://lafuga.cl/gustavo-fontan-cineasta/734.

Gonçalves dos Reis Filho, Osmar. *Narrativas sensoriais: ensaios sobre cinema e arte contemporânea*. Rio de Janeiro: Circuito, 2014.

Gordo López, Juan Francisco. "Cine y poesía: el formalismo ruso afín al extrañamiento cinematográfico de animación". Acceso el 29 de marzo de 2019. http://detour.es/bande/juan-francisco-gordo-lopez-formalismo-ruso.htm.

Graziadei, Daniel et al. "On Sending Island Spaces and the Spatial Practice of Island-Making: Introducing Island Poetics, Part I". *Island Studies Journal* 12, nº 2 (2017): 239–52.

Grüner, Eduardo. "Pier Paolo Pasolini: la tragedia de lo real". En *Pensar el cine 1. Imagen, ética y filosofía*, editado por Gerardo Yoel. Buenos Aires: Manantial, 2004. 217–34.

Guattari, Félix. *Caósmosis*. Buenos Aires: Manantial, 1997.

———. *La revolución molecular*. Trad. por Eugenio Pérez. Madrid: Errata Naturae Editores, 2017.

Gudynas, Eduardo. "La crisis global y el capitalismo benévolo de la nueva izquierda criolla". En *Renunciar al bien común. Extractivismo y (pos)desarrollo en América Latina*, ed. por Gabriela Massuh. Buenos Aires: Mardulce, 2012. 103–27.

Haya, Vicente. *El corazón del haiku. La expresión de lo sagrado*. Madrid: Mandala Ediciones, 2002.

Haynes, Todd. "El autor ecléctico". *El Amante. Cine* por Javier Porta Fouz, nº 92 (1999): 8–9.

Hernández Cuevas, Luis Armando. "Anacronismo ético. Historia, espacio-tiempo e imagen en el pensamiento de Didi-Huberman y Benjamin". *Revista de Humanidades*. Acceso el 7 de mayo de 2021. https://www.redalyc.org/jatsRepo/3212/321260115006/html/index.html.

Herrera Córdoba, Matías. Entrevista por Roger Koza. "Entrevista con Matías Herrera Córdoba, director de *Criada*, Argentina, 2009". Acceso el 7 de abril de 2019. http://www.conlosojosabiertos.com/criada-entrevista-a-matias-herrera-cordoba-bis/

Horowicz, Alejandro. "El 42% de pobres y la vagancia de los intelectuales". 3 de abril de 2021. Acceso 7 de abril de 2021. https://www.eldiarioar.com/opinion/42-pobres-vagancia-intelectuales_129_7374401.html.

Ishaghpour, Youssef. "J.-L.G., cineasta de la vida moderna. Lo poético en lo histórico". En *Pensar el cine 2*, editado por Gerardo Yoel. Buenos Aires: Manantial, 2004. 283–302.

Ierardo, Esteban. "El ojo en el viento. Ensayo sobre cine-poesía y pensamiento". Trabajo monográfico no publicado.

Jay, Martin. *Cantos de experiencia. Variaciones modernas sobre un tema universal.* Trad. por Gabriela Ventureira. Buenos Aires: Paidós, 2009.

Kaminsky, Gregorio et al. *Bartleby: preferiría no. Lo bio-político, lo post-humano.* Buenos Aires: Ediciones La Cebra, 2008.

Karmy Bolton, Rodrigo. "Hurqalya. Para una topología de la imaginación". *Revista Chilena de Literatura* 99 (abril de 2019): 369–77.

———. *Intifada. Una topología de la imaginación popular.* Santiago: Ediciones Metales Pesados, 2020.

Kohan, Alex. *Psicoanálisis: por una erótica contra natura.* Buenos Aires: INDIE-Libros #MiráCómoNosLeeemos, 2019.

Koza, Roger A. "De la buena glosa cinematográfica: un diálogo sobre *El limonero real* con Gustavo Fontán". *Con los ojos abiertos. Críticas, crónicas de festivales y apuntes sobre cine.* Acceso el 30 de septiembre de 2019. http://www .conlosojosabiertos.com/de-la-buena-glosa-cinematografica-un-dialogo -sobre-el-limonero-real-con-gustavo-fontan/.

———. "'El cine independiente es una expresión estética desligada de poéticas dominantes'". *La Capital.* 2 de mayo de 2019. Acceso el 7 de mayo de 2019. https://www.lacapital.com.ar/escenario/el-cine-independiente-es-una -expresion-estetica-desligada-poeticas-dominantes-n1760128.html.

———. "Chubut, libertad y tierra". *Con los ojos abiertos. Críticas, crónicas de festivales y apuntes sobre cine.* 5 de julio de 2019. Acceso el 7 de septiembre de 2019. http://www.conlosojosabiertos.com/chubut-libertad-tierra/.

———. "*El día nuevo* de Gustavo Fontán". *Con los ojos abiertos. Críticas, crónicas de festivales y apuntes sobre cine.* 27 de octubre de 2016. Acceso el 16 de marzo de 2021. http://www.conlosojosabiertos.com/el-dia-nuevo/.

———. "Ida". *Con los ojos abiertos. Críticas, crónicas de festivales y apuntes sobre cine.*14 de junio de 2014. Acceso el 14 de agosto de 2019. http://www .conlosojosabiertos.com/ida/

———. "*Jardín de piedra.* Un cortometraje estrenado en Vimeo alcanza para hablar de cine con Gustavo Fontán". Acceso 7 de julio de 2021. http://www .conlosojosabiertos.com/elegia-domestica/.

———. "*El limonero real*". *Con los ojos abiertos. Críticas, crónicas de festivales y apuntes sobre cine.* 24 de enero de 2017. Acceso el 16 de marzo de 2021. http://www.conlosojosabiertos.com/limonero-real-04/.

———. "Mes FICUNAM 2014 (07): El plano que se abisma, el cine de Gustavo Fontán". *Con los ojos abiertos. Críticas, crónicas de festivales y apuntes sobre cine.* Acceso el 24 de enero de 2018. http://www.conlosojosabiertos.com /mes-ficunam-2014-07-el-plano-que-se-abisma-el-cine-de-gustavo-fontan/.

———. "Lo pequeño es hermoso". *Con los ojos abiertos. Críticas, crónicas de festivales y apuntes sobre cine.* 6 de noviembre de 2014. Acceso el 7 de febrero de 2020. http://www.conlosojosabiertos.com/lo-pequeno-es-hermoso-2/.

———. "A Shot that Plunges. The Cinema of Gustavo Fontán". *Con los ojos abiertos. Críticas, crónicas de festivales y apuntes sobre cine.* 21 de julio de 2016. Acceso el 30 de septiembre de 2018. http://www.conlosojosabiertos. com/a-shot-tha-plunges-the-cinema-of-gustavo-fontan/.

———. "La vida lúcida", prólogo a *El lago helado*, de Gustavo Fontán. Buenos Aires: Papel Cosido-UNLP, 2018.

Lazzarato, Maurizio. *La fábrica del hombre endeudado. Ensayo sobre la condición neoliberal.* Trad. por Horacio Pons. Madrid: Amorrortu Editores, 2013.

Lemagny, Jean-Claude. "Cómo hacerse 'vidente'". Trad. Claudia Itzkowich Schna-dower. *Revista do Departamento de Psicologia-UFF* IV nº 4 (1999): 265–272.

Lewkowicz, Ignacio. *Pensar sin estado. La subjetividad en la era de la fluidez.* Buenos Aires: Editorial Paidós, 2004.

Lingenti, Alejandro. "*El rostro*". *La Nación.* 4 de abril 2014. Acceso el 7 de marzo de 2021. https://www.lanacion.com.ar/1677913-el-rostro.

MacDonald, Scott. "FICUNAM (06): Entrevista a Artavazd Peleshian". *Ojos abiertos-Otros cines.* Trad. L. Borrini y Roger Koza. Acceso el 23 de octubre de 2019. http://www.conlosojosabiertos.com/ficunam-06-entrevista-a -artavazd-peleshyan/.

Machado, Arlindo. "El filme-ensayo". *La fuga* 409. Acceso el 7 de octubre de 2021. https://www.lafuga.cl/el-filme-ensayo/409.

Marcus, Millicent. *Filming by the Book. Italian Cinema and Literary Adaptation.* Baltimore: Johns Hopkins UP, 1993.

Marks, Laura. *The Skin of the Film. Intercultural Cinema, Embodiment, and the Senses.* Durham: Duke UP, 2000.

Marrati, Paola. *Gilles Deleuze. Cine y filosofía.* Buenos Aires: Ediciones Nueva Visión, 2003.

Martel, Lucrecia. "To Contest the Deafness of the Gaze". Cisneros Institute, MoMA y Bartos Theater. New York, 23 de mayo de 2019. Lecture.

Martins, Laura M. "Algunas consideraciones sobre lo poético cinematográfico". *Icónica. Pensamiento Fílmico.* 4 de septiembre de 2019. http://revistaiconica. com/algunas-consideraciones-sobre-lo-poetico-cinematografico/.

———. "Cine, política y (post)estado. *La libertad* de Lisandro Alonso". *Nuevo Mundo Mundos nuevos/Nouveau Monde Mondes Nouveaux/New World New Worlds* [CERMA]/L'École des Hautes Études en Sciences Sociales (EHESS) nº 10 (2010). http://nuevomundo.revues.org/index58374.html.

———. "En contra de contar historias. Cuerpos e imágenes hápticas en el cine argentino (Lisandro Alonso y Lucrecia Martel)". *Revista de crítica literaria latinoamericana.* Año XXXVII, nº 73 (2011): 401–20.

———. "Contra la museificación del mundo: *La orilla que se abisma* (2008) y *La casa* (2012) de Gustavo Fontán". *Studies in Spanish & Latin American Cinemas* 11, nº 2 (2014): 167–77.

———. "Gustavo Fontán's Films: On Faces, Spectres, Fragments of Matter". En *The Film Archipelago: Islands in Latin American Cinema*, editado por Francisco-J. Hernández Adrián y Antonio Gómez. NY: Bloomsbury-Bloomsbury, Film & Media | World Cinema, 2021. 171–88.

———. "Estragos de la experiencia y cuerpos (re)insistentes (notas sobre narrativa argentina)". *Espéculo. Revista de estudios literarios* n° 25 (2003). https://webs.ucm.es/info/especulo/numero25/lmartins.html

———. "Luis Buñuel: lo que vemos, lo que nos mira". *La nueva literatura hispánica*. Universitas Castellae y The Manchester Metropolitan University n° 3 (1999): 189–99.

———. "Per-verse Latin American Women Poets". *The Cambridge History of Latin American Women's Literature*, ed. por Ileana Rodríguez y Mónica Szurmuk. New York: Cambridge UP, 2015. 504–25.

Massuh, Gabriela, ed. *Renunciar al bien común. Extractivismo y (pos)desarrollo en América Latina*. Buenos Aires: Mardulce, 2012.

Maté, Diego. "Dossier Fontán—*El árbol (2006)*". 5 de noviembre de 2012. Acceso el 27 de julio de 2019. https://cinemarama.wordpress.com/2012/11/05/dossier-fontan-el-arbol/.

Maurette, Pablo. *La carne viva*. Buenos Aires: Mardulce, 2018.

———. *"¿Por qué nos creemos los cuentos?"*. *elDiarioAr*. 4 de junio de 2021. Acceso el 7 de octubre de 2021. https://www.eldiarioar.com/cultura/lecturas/creemos-cuentos_1_8002066.html

Molayoli, Gastón. "Alrededor de las cosas: Trilogía del lago helado". Acceso el 27 de abril de 2021. https://www.hacerselacritica.com/alrededor-de-las-cosas-trilogia-del-lago-helado-por-gaston-molayoli/.

Monteleone, Jorge. "*Guirnaldas para un luto*. Adiós a Hugo Padeletti". 22 de enero de 2018. Acceso 7 de junio de 2021. https://www.eternacadencia.com.ar/blog/contenidos-originales/noticias/item/guirnaldas-para-un-luto-adios-a-hugo-padeletti.html.

Muñoz Fernández, Horacio. "Posnarrativo: el cine más allá de la narración". Tesis doctoral. Universidad de Salamanca, 2015. Acceso el 16 de septiembre de 2021. http://hdl.handle.net/10366/128242.

Obarrio, David. *Cinerama* "BAFICI 2014-El rostro". Acceso el 12 de junio de 2020. https://cinemarama.wordpress.com/2014/04/03/bafici-2014-el-rostro/.

———. "Dossier Fontán. *La madre*". Acceso el 7 de junio de 2021. https://cinemarama.wordpress.com/2012/11/07/dossier-fontan-la-madre/.

———. "Magia y pérdida". Acceso el 27 de julio de 2018. http://gustavo-fontan.blogspot.com/2010/11/memorias-construidas-contraluz.html.

Ortiz, Juan L. *Obra completa. Incluye* En el aura del sauce. *Poesía y prosas inéditas*. Santa Fe: Universidad Nacional del Litoral, 1996.

O'Sullivan, Simon. "The Aesthetics of Affect. Thinking Art beyond Representation". *ANGELAKI. Journal of the Theoretical Humanities* 6, n° 3 (diciembre 2001): 125–35.

Oubiña, David. "Algunas reflexiones sobre un plano en un film de un cineasta iraní. Abbas Kiarostami: la mirada precaria". *Revista Invisibles* n° 17 (julio de 2016). Acceso 27 de junio de 2019. http://www.revistainvisibles.com/abbas -kiarostami-por-david-oubina.html.

——. *Estudio crítico sobre La ciénaga: entrevista a Lucrecia Martel*. Buenos Aires: Editorial Picnic, 2007.

——. *Filmología. Ensayos sobre cine*. Buenos Aires: Manantial, 2000.

——. *"El limonero real. Lo inefable". Con los ojos abiertos. Críticas, crónicas de festivales y apuntes sobre cine*. 29 de agosto de 2016. Acceso el 7 de marzo de 2019. http://www.conlosojosabiertos.com/el-limonero-real-01/.

——. *Una juguetería filosófica. Cine, cronofotografía y arte digital*. Buenos Aires: Manantial, 2009.

——. *El silencio y sus bordes. Modos de lo extremo en la literatura y el cine*. Buenos Aires: FCE, 2011.

——. "Sobre Gustavo Fontán". Acceso el 16 de enero de 2019. http://gustavo -fontan.blogspot.com/2012_03_01_archive.html.

Pasolini, Pier Paolo. "Il cinema di poesia". *Empirismo eretico*. Milán: Garzanti, 1972.

Pasolini, Pier Paolo y Eric Rohmer. *Cine de poesía contra cine de prosa*. Ed. y trad. por Joaquín Jordá. Barcelona: Anagrama, 1970.

Perednik, Jorge Santiago. "Juanele y Ortiz". *XUL. Signo viejo y nuevo. Revista de literatura. Los poemas perdidos de Juan L. Ortiz* n° 12 (1997): 58–65. https:// newspapers.bc.edu/?a=d&d=xul19971001-01.2.12&e=-------en-20--1--txt -txIN-------

Perez, Gilberto. *The Material Ghost. Films and Their Medium*. Baltimore: The Johns Hopkins UP, 1998.

Pérez Bowie, José Antonio. "La alternativa del cine poético". *Leer el cine: la teoría literaria en la teoría cinematográfica*. Salamanca: Ediciones Universidad de Salamanca, 2008.

Pérez Goiri, Iker. "El haiku japonés y el poema primitivo". En *El pensamiento poético en la imagen cinematográfica*. Tesis doctoral, Universidad del País Vasco/ Euskal Herriko Unibertsitatea, 2017.

Pérez Llahí, Marcos Adrián. "Hachero nomás: Lisandro Alonso y el problema del documental". Acceso el 30 de junio de 2019. https://www.academia.edu /43972556/Hachero_nom%C3%A1s_Lisandro_Alonso_y_el_problema_del _documental.

Piedras, Pablo. "Existe una fuerte determinación de la historia social y política del cine producido en el país". *La Izquierda. Diario*. 5 de junio de 2020. Acceso el

16 de junio de 2020. http://www.laizquierdadiario.cr/Piedras-Existe-una
-fuerte-determinacion-de-la-historia-social-y-politica-en-el-cine-producido
-en-el.

Piñeiro, Liliana. "Bafici: La orilla que se abisma". Acceso 25 de diciembre de 2019.
http://meridianabis.blogspot.com/2008/04/bafici-la-orilla-que-se-abisma.
html.

Prividera, Nicolás. "Tesis sobre el documental. Notas sobre/hacia lo documental".
Acceso el 25 de junio de 2016. http://www.conlosojosabiertos.com/tesis
-sobre-el-documental/.

Pujato, Fernando. "Casas, canoas. Fantasmas. El cine de Gustavo Fontán". *Cinéfilo*
año 5, n° 16 (marzo de 2014): 27–29.

Quintana, Isabel. "Literatura, utopía y memoria". *XXIV Jornadas de investigadores
del Instituto de Literatura Latinoamericana*. Buenos Aires: Facultad de Filosofía y Letras, Universidad de Buenos Aires (UBA), 2011.

Rajewski, Irina. "Intermediality, Intertextuality, and Remediation: A Literary
Perspective on Intermediality". *Intermédialités* 1, n° 6 (2005): 43–64.

Retamoso, Roberto. "*La orilla que se abisma*, o el feliz desencuentro entre poesía y
lenguaje". 2011. Acceso el 27 de noviembre de 2018. https://www
.autoresdeconcordia.com.ar/articulos/793.

Retamoso, Roberto y Héctor A. Piccoli. "Juanele: Del aura hacia la linde". *Xul.
Signo viejo y nuevo. Revista de literatura. Los poemas perdidos de Juan L. Ortiz*
n° 12 (1997): 65–73.

Reygadas, Carlos. "Nos autoexplotamos y a cambio el sistema nos da
entretenimiento". *El País*, 20 de junio de 2019. Acceso el 27 de octubre de 2019.
https://elpais.com/cultura/2019/06/20/actualidad/1561049807_845544
.html.

Ricagno, Alejandro. *Catálogo del BAFICI*, 2007. Reproducido en http://gustavo
-fontan.blogspot.com/2007/04/reedicin-de-notas-anteriores-parte-1.html.

Rodríguez, Mariana. "La *imagen-luciérnaga*: una aproximación al trabajo de
Georges Didi-Huberman sobre la resistencia política y la estética de las *imágenes
supervivientes*". Estudios de filosofía vol. 16 (2017): 52–71.

Rodríguez Izquierdo, Fernando. *El haiku japonés. Historia y traducción*. Madrid:
Hiperión, 1994.

Rozitchner, León. *El terror y la gracia*. Buenos Aires: Grupo Editorial Norma,
2003.

Ruiz de Bunge, Silvina. *Tigre y las verdes islas del delta*. Buenos Aires: Camalote,
2004.

Russo, Eduardo. "Las imágenes que tiemblan se hacen cine", prólogo a *El lago
helado* y *Manual para sonámbulos*. Buenos Aires: Papel Cosido-Universidad
Nacional de La Plata, 2018.

Saccomanno, Guillermo. "Elogio del riesgo". *Página 12*. 22 de marzo de 2020. Acceso 21 de mayo de 2021. https://www.pagina12.com.ar/254483-elogio -del-riesgo.

Saer, Juan José. "Liminar", prólogo a *Obra completa. Incluye* En el aura del sauce. *Poesía y prosas inéditas.* Juan L. Ortiz. Santa Fe: Universidad Nacional del Litoral, 1996.

Salas Guerra, María Cecilia. "El desasosiego de Fernando Pessoa, o la experiencia del límite". *Co-herencia* vol. 1, nº 1 (julio-diciembre 2004): 52–69.

Sarlo, Beatriz. *Zona Saer*. Santiago: Universidad Diego Portales, 2016.

Sassi, Hernán. "*La orilla que se abisma* de Gustavo Fontán". 7 de diciembre de 2016. Acceso el 7 de octubre de 2019. https://revistacarapachay.com/2016 /12/07/6/.

Schönhals, Sylvia. "Las sutilezas del trazo en Juan L. Ortiz". *El litoral*. 26 de agosto de 2017. Acceso el 16 de junio de 2020. https://www.ellitoral.com/index.php /diarios/2017/08/26/opinion/OPIN-03.html.

Schwarzböck, Silvia. *Los espantos. Estética y postdictadura*. Buenos Aires: Cuarenta Ríos, 2015.

Siegrist, Lila. "Los extremos del río Paraná. Loor al humedal litoral". *Revista Anfibia*. Acceso el 7 de mayo de 2021. Universidad Nacional de San Martín, http://revistaanfibia.com/cronica/loor-al-humedal-litoral/.

Silva Rey, Alicia. "Acerca de *El rostro*, película de Gustavo Fontán, estrenada en el BAFICI 2014". Acceso el 12 de febrero de 2019. https://gustavo-fontan .blogspot.com/search?q=El+rostro&updated-max=2011-04 -18T11:43:00-07:00&max-results=20&start=3&by-date=false.

Sluyter, Andrew. *Colonialism and Landscape. Postcolonial Theory and Applications*. Lanham ML: Rowman & Littlefield, 2002.

Speranza, Graciela. *Atlas portátil de América Latina. Arte y ficciones errantes*. Barcelona: Anagrama, 2012.

Svampa, Maristella. "'Consenso de los commodities' y lenguajes de valoración en América Latina". *Nueva Sociedad* nº 244 (marzo-abril 2013).

———. "Pensar el desarrollo desde América Latina". En *Renunciar al bien común. Extractivismo y (pos)desarrollo en América Latina*, ed. por Gabriela Massuh. Buenos Aires: Mardulce, 2012. 17–58.

———. *La sociedad excluyente. La Argentina bajo el signo del neoliberalismo*. Buenos Aires: Taurus, 2010.

Tagliaferro, Eduardo. "La irrupción del modelo neoliberal en Argentina según el filósofo marxista León Rozitchner. Un país sometido por el terror y el miedo". *Página 12*. 22 de enero de 2001.

Tatián, Diego. "Tentativas sobre Bartleby". En *Bartleby: preferiría no. Lo biopolítico, lo post-humano*, ed. Gregorio Kaminsky. Buenos Aires: Ediciones La Cebra, 2008. 107–24.

Thayer, Willy. "Crisis categorial de la universidad". *Revista Iberoamericana* LXIX, n° 202 (2003): 95–102.

Thomas, Rob. "*Homo Sapiens* Shows the World after Humans Are Extinct". *The Cap Times*. 19 de octubre de 2016. Acceso 27 de octubre de 2019. http://host .madison.com/ct/entertainment/movies/movie-review-homo-sapiens-shows -the-world-after-humans-are/article_bd6c849b-f4ca-529c-9ed2-7b155b77ca91 .html.

Totaro, Donato. "Deleuzian Film Analysis. The Film of the Skin". *Off Screen*. Acceso el 26 de marzo de 2021. https://offscreen.com/view/skin_of_film.

Val, María Emilia. "Deuda pública de Argentina: de la última dictadura al default de 2001". *Ola financiera* Vol. 10, n° 27 (mayo-agosto 2017). Acceso el 23 de abril de 2021. http://www.olafinanciera.unam.mx/new_web/27/pdfs/PDF27 /ValOlaFin27.pdf.

Villegas, Juan. "Bueno, bonito y barato". *El Amante. Cine* n° 176 (enero de 2007): 15.

Wainer, Andrés. "Inserción argentina en el comercio mundial: de la restricción externa al desarrollo económico". *Realidad económica* 264, n° 11–12 (2011): 61–88.

Yoel, Gerardo. "La imagen madre. De *La ciénaga* a *M*". En *La imagen argentina: episodios cinematográficos de la historia nacional*, editado por María Iribarren. Buenos Aires: Ediciones CICCUS, 2017. 259–71.

———. *Pensar el cine 2. Cuerpo(s), temporalidad y nuevas tecnologías*. Buenos Aires: Manantial, 2004.

Zacharek, Stephanie. ""Leviathan': Of Fish and Men, Without Chats". *NPR*. 28 de febrero de 2013. Acceso el 27 de noviembre de 2019. https://www.npr .org/2013/02/28/172981501/leviathan-of-fish-and-men-without-chats.

Zito Lema, Vicente. "Juan L. Ortiz. Los 80 años de un poeta". 24 de julio de 2021. Acceso el 25 de julio de 2021. https://laciudadrevista.com /juan-l-ortiz-los-80-anos-de-un-poeta/.

Filmografía

Madre e hijo. Dir. Alexandar Sokurov. Thomas Kufus, 1997.

Los habitantes. Dir. Artavazd Peleshian. Minsk Film Studio, 1970.

Leviatán/Leviathan. Dir. Lucien Castaing-Taylor y Véréna Paravel. Sensory Ethnography Lab, Harvard University, 2012.

Ida. Dir. Pawel Pawlikowski. Canal+ Polska, Danish Film Institute, Eurimages, 2013.

Homo Sapiens. Dir. Nikolaus Geyrhalter. NGF Geyrhalterfilm GmbH, 2016.

Meek's Cutoff. Dir. Kelly Reichardt, Evenstar Films, FilmScience, Harmony Productions, y Primitive Nerd, 2010.

First Cow. Dir. Kelly Reichardt, FilmScience y IAC Film, 2020.

Ghost Dance. Dir. Ken McMullen, Looseyard Production para el Canal 4 y ZDF, 1983.

La casa. Dir. Gustavo Fontán. Insonmia Films, Tercera Orilla Cine, INCAA, 2012.

La orilla que se abisma. Dir. Gustavo Fontán. Insonmia Films, Tercera Orilla, Instituto Audiovisual de Entre Ríos, INCAA, 2008.

El árbol. Dir. Gustavo Fontán. Tercera Orilla Cine, Insomnia Films, INCAA, 2006.

Elegía de abril. Dir. Gustavo Fontán. INCAA, Tercera Orilla Cine, Insomnia Films, 2010.

El rostro. Dir. Gustavo Fontán. Tercera Orilla Cine, Insomnia Films, 2014.

El día nuevo. Dir. Gustavo Fontán. Tercera Orilla Cine, Insomnia Films, 2016.

El limonero real. Dir. Gustavo Fontán. Tercera Orilla Cine, Insomnia Films, 2016.

La deuda. Dir. Gustavo Fontán. Lita Stantic Producciones, El Deseo, Motore, Maravillacine, 2019.

Sol en un patio vacío. Dir. Gustavo Fontán. Tercera Orilla Cine, Insomnia Films, 2015.

Lluvias. Dir. Gustavo Fontán. Tercera Orilla Cine, Insomnia Films, 2017.

El estanque. Dir. Gustavo Fontán. Tercera Orilla Cine, Insomnia Films, 2017.

Jardín de piedra. Dir. Gustavo Fontán. Tercera Orilla, 2020.

Luz de agua. Dir. Gustavo Fontán. Tercera Orilla, 2020.

www.ingramcontent.com/pod-product-compliance
Lightning Source LLC
Chambersburg PA
CBHW051317170526
45166CB00002B/586